DES

QUALITÉS ET DES DEVOIRS

D'UN

PRÉSIDENT DE COUR D'ASSISES.

DES
QUALITÉS ET DES DEVOIRS

D'UN

PRÉSIDENT DE COUR D'ASSISES,

ET

DES AMÉLIORATIONS A INTRODUIRE DANS L'ADMINISTRATION

DE LA JUSTICE CRIMINELLE;

PAR M. GAILLARD,

CONSEILLER HONORAIRE A LA COUR DE CASSATION.

Les débats ne s'ouvrent point pour prouver que l'accusé est coupable, mais pour rechercher s'il est coupable.　　　　(*Page* 55.)

Paris,

A. PIHAN DE LA FOREST,

IMPRIMEUR DE LA COUR DE CASSATION,

Rue des Noyers, n° 37.

AVERTISSEMENT.

Pourrait-on sans témérité émettre aujour-
d'hui ses pensées sur un autre sujet que la
politique?... Me pardonnera-t-on surtout de
parler des cours d'assises et du jury, sans
examiner si la société a le droit d'ôter la vie
au parricide, à l'incendiaire, à l'assassin?...
Sans indiquer les mesures à prendre, à leur
sortie du bagne, contre le faussaire, le voleur
à force ouverte, celui qui aurait attenté avec
violence à l'honneur de nos femmes, de nos
filles, ou corrompu nos jeunes enfans!...

Je me suis fait ces questions diverses avant
de livrer cet écrit à l'impression, et j'avais résolu d'attendre que les esprits ne fussent plus
aussi exclusivement occupés des grandes ques-

tions qui s'agitent depuis deux ans; j'ai changé d'avis par les considérations suivantes :

Ce que je publie est le fruit de mes observations pendant plus de trente années de magistrature, toujours dans la partie criminelle. Mon grand âge et des infirmités m'ont averti que l'heure de la retraite avait sonné, et que je ne pouvais plus continuer mes fonctions, sans compromettre ma conscience, les intérêts de la société, les intérêts non moins sacrés de ceux dont j'avais à juger les procès : j'ai demandé et obtenu du repos.

Mais aurai-je complètement acquitté ma dette envers mon pays, tant que je ne lui aurai pas fait l'hommage de mes réflexions sur les abus qui m'ont si profondément affligé dans le cours de mes longs travaux ; tant que je n'aurai pas indiqué les moyens de réformer ces abus et d'en prévenir le retour ?...

Ajourner à mon âge, n'est-ce pas renoncer à publier jamais ?...

N'est-il pas à craindre d'ailleurs qu'avec le désir d'introduire quelques améliorations dans l'administration de la justice criminelle, un novateur indiscret ne propose des changemens qui seraient en réalité de funestes abus?

N'a-t-il pas été question déja de supprimer le résumé du président de la cour d'assises? comme si, renfermé dans les bornes, et présenté dans l'esprit de la loi, ce résumé ne formait pas une partie essentielle, quelquefois même le complément de la défense de l'accusé! Comme si chaque président habile et consciencieux ne pourrait pas citer un grand nombre d'acquittemens, par suite de la reproduction, dans son résumé, d'un moyen victorieux échappé au conseil de l'accusé, quoiqu'il résultât du débat !...

Peut-être, me suis-je dit encore, reprocherait-on moins d'imperfections à nos lois criminelles, si les présidens des cours d'assises en saisissaient mieux l'esprit, se conformaient avec plus de soin à leurs dispositions; et il est possible qu'un magistrat qui, pendant si long-temps a été chargé de les exécuter personnellement, et de concourir ensuite à en maintenir l'exacte application comme conseiller à la Cour de Cassation, présente quelques idées utiles sur un sujet de cette importance. Des abus en matière aussi grave peuvent-ils d'ailleurs être trop tôt réformés?...

Ces considérations ont dissipé tous mes doutes et fixé ma détermination.

Qu'une de mes réflexions contribue à réformer un seul abus; qu'en exposant le tableau fidèle des devoirs d'un président des assises, je prévienne une seule inadvertance, mon travail n'aura pas été inutile.

Mais cet écrit aura, je l'espère, un autre avantage : il établira, de manière à dissiper tous les doutes, une vérité qui n'est pas assez généralement sentie; c'est que des qualités particulières sont indispensables pour diriger convenablement une cour d'assises.

(5)

L'on peut être en effet profond jurisconsulte,
magistrat intègre et habile , sans posséder
cette faculté rare qui embrasse d'un coup-
d'œil tout l'ensemble d'une longue procédure
criminelle; et cependant, sans cette faculté,
comment assurer les intérêts de la justice et
ceux de la défense ?...

Le président d'une cour d'assises doit
joindre à la promptitude d'esprit qui saisit les
difficultés, au jugement exercé qui les éclaire,
cette précieuse facilité d'expressions qui reproduit avec fidélité l'attaque et la défense
judiciaires; il doit posséder aussi le talent plus
rare peut-être de dire en peu de mots, sans
recherche comme sans passion , tout ce qui
est nécessaire......... Je m'arrête ; en
m'appesantissant sur ce tableau, je craindrais
de décourager les magistrats qui parcourent
cette carrière, semée de tant d'écueils; et je
ne veux qu'éveiller la sollicitude de l'autorité
sur le choix des présidens d'assises , provoquer les généreux efforts des hommes habiles , et faire réfléchir l'inexpérience.

Pour en finir sur ce point et écarter à l'a-
vance le reproche de généraliser mes cri-
tiques, et de jeter ainsi une sorte de blâme
sur les présidens des assises, je me hâte de
déclarer que si, pendant tout le temps que
j'ai passé à la Cour de Cassation, nous avons
eu souvent à gémir, mes honorables collègues et moi, sur la légèreté, l'inexpérience
d'un grand nombre de présidens des assises ;
nous avons eu souvent aussi la satisfaction
d'applaudir au zèle, à la grande capacité de
plusieurs. Je pourrais même en citer dans
différentes cours royales dont les opérations
n'ont jamais été annulées par la Cour de Cassation, ou ne l'ont été que par la négligence
des officiers ministériels.

M. Bertaud, conseiller à Caen, qui présidait
les assises de l'Orne où je fus appelé comme
témoin dans le cours de juillet dernier, a
grossi la liste nombreuse de ces magistrats.

Pourquoi ces conseillers ne président-ils
pas les cours d'assises plus souvent? Pourquoi ne les président-ils pas exclusivement?

Pourquoi ne pas exciter l'émulation des jeunes conseillers de cours royales, en récompensant ces honorables vétérans (1)?....

Pourquoi, lorsque par hasard on accorde de l'avancement à celui qui se distingue dans les fonctions de président des assises, ne pas faire connaître au public les motifs de cette faveur (2)?

Je me suis enfin proposé d'élever les jurés à toute la hauteur de leurs augustes fonctions. Ils me verront constamment occupé

(1) J'ai sollicité à diverses époques la croix d'honneur pour un conseiller l'un des plus anciens et des plus habiles présidens des assises, et le conseiller n'est pas encore décoré ! (*M. Bizard*, à Angers.)

(2) On aurait été moins surpris de l'avancement rapide du plus jeune des conseillers à la Cour de Cassation, si l'on avait publié que ce magistrat, distingué dès son début dans la carrière, avait, dans la présidence des cours d'assises, professé des principes et déployé des talens qui lui avaient concilié la considération la plus méritée, dans le ressort de deux cours royales dont il avait successivement fait partie. (*M. Rocher.*)

du soin de leur assurer les égards et le respect qui leur sont dus. C'est le moyen de leur
rappeler que magistrats passagèrement, on
a le droit d'attendre d'eux, pendant tout le
temps qu'exige l'examen d'une affaire sur
laquelle ils sont appelés à prononcer, l'attention, l'impartialité, la gravité qu'on exige
avec raison des autres magistrats.

Je ne dissimulerai point ma prédilection
pour le jugement par des jurés en matière
criminelle ordinaire !

J'ai vu, même dans des affaires difficiles,
tant de déclarations de jurés conformes à la
raison , à l'équité !...

J'ai prononcé tant d'arrêts contraires à
l'équité, à la raison , comme président d'une
cour spéciale composée seulement de trois
juges civils et de trois juges criminels (1) !

(1) Ces derniers arrêts étaient tous d'acquittement ;
et jamais , soit après une réponse des jurés, soit à la
suite d'une délibération d'une cour spéciale , je n'ai eu

(9)

Je préfère le jugement par jurés dans les crimes ordinaires, parce que je pense que des hommes pris dans les différentes classes de la société, et appelés par le sort à rechercher si l'accusé est coupable, en les supposant dirigés par un président habile et fidèle à ses devoirs, saisiront la vérité plus sûrement que des juges qui auraient vieilli dans leurs fonctions.

Aussi n'ai-je nullement été effrayé de la réduction du cens électoral, sous le rapport de l'augmentation du nombre de ceux qui allaient être appelés aux fonctions de jurés; parce que je ne crains pas qu'une liste de quarante individus tirés au sort, soit exclusivement composée d'hommes incapables ; parce que le droit de récusation me rassure; enfin parce qu'une longue expérience m'a appris que ce n'est pas toujours dans les premières classes de la société que se rencontrent les meilleurs jurés; j'ajoute même que dans

la douleur de prononcer la condamnation d'un seul accusé que je crusse innocent.

les classes moyennes, ce n'est pas toujours non plus celui qui a reçu l'éducation la plus soignée, qui répand le plus de lumière dans la délibération d'un jury.

L'esprit systématique est l'obstacle le plus invincible à la découverte de la vérité dans tout procès criminel ; et je ne puis pas trop recommander aux accusés et au ministère public de récuser sans hésiter tout juré qu'ils savent imbu de cet esprit. Craindra-t-on qu'il se rencontre un grand nombre d'hommes à système parmi ceux qui ne peuvent être appelés aux fonctions de jurés que depuis la réduction du cens électoral?....

J'aborderai sans hésiter l'objection la plus généralement présentée contre l'institution du jury.

« L'impunité est devenue chez nous un
« système, et jamais le glaive de la loi ne
« frappera le criminel, tant que vous ferez
« décider par un jury si l'accusé est cou-
« pable. »

Je ne m'occupe nullement, comme je l'ai dit, des crimes ou délits politiques, et je soutiens qu'excepté dans les bagnes et parmi ceux qui ont mérité d'y être envoyés, personne en France ne désire l'impunité du crime; je soutiens en outre que les démonstrations inconvenantes, lors de l'acquittement d'un coupable, tiennent à d'autres causes qu'à la démoralisation du peuple, et n'en sont nullement une preuve.

Dans aucun pays, en effet, l'horreur du parricide, de l'incendie, de l'assassinat, n'est plus profondément gravée dans les ames qu'elle ne l'est en France : le simple récit d'un de ces attentats excite l'indignation de toute une contrée; chacun se mettrait volontiers à la recherche du coupable, et l'autorité parviendrait difficilement à le préserver de la fureur de ceux qui le découvriraient, s'il était saisi dans un moment voisin de son crime.

N'attribuez donc pas à la démoralisation, à une froide indifférence pour l'ordre public ces applaudissemens de la multitude lors de l'acquittement des hommes les plus évidemment coupables.

Vous trouverez la cause de ces démonstrations tumultueuses dans la lenteur des informations judiciaires, dans les vices de l'administration des prisons, dans les rigueurs qu'on y laisse souvent exercer contre les accusés ; rigueurs toujours coupables, puisqu'elles seraient toujours inutiles , si l'on était toujours surveillant.

Souvent aussi nous trouverions la cause de l'intérêt que le peuple témoigne, à sa manière, à tel accusé qu'il sait bien n'être pas innocent, dans la violence des attaques du ministère public, s'il vient à s'oublier au point de mêler à ses argumens le sarcasme et l'injure personnelle ; ou dans l'excessive sévérité du président, si, dans le cours des débats, il s'est écarté des règles que la loi lui a prescrites , et que je vais essayer de développer.

L'indulgence parfois excessive et toujours repréhensible des jurés, s'ils sont convaincus de la culpabilité, peut sans doute être attribuée aux mêmes causes que l'intérêt de la multitude pour les accusés évidemment coupables ; mais cette indulgence n'est-elle pas le plus souvent le résultat du peu d'égards du président et du ministère public pour des hommes que la confiance de la patrie et la sublimité de leurs fonctions ne peuvent guère, après tout, élever au-dessus de toutes les faiblesses humaines?....

J'aurai l'occasion, dans cet écrit, de donner quelque développement à cette dernière pensée.

J'ai cru devoir citer, dans des notes, les articles du code d'instruction criminelle et quelques arrêts de la Cour de Cassation qui servent de texte à mes réflexions, pour mieux établir qu'elles ne sont qu'un commentaire fidèle de la loi et de la jurisprudence.

A la suite de mes réflexions sur les qualités et les devoirs du président d'une cour d'assises, j'examinerai s'il ne serait point utile de renoncer au système actuel des assises, pour revenir avec quelques modifications au mode qui existait avant la promulgation du code de 1808; et je me hasarderai à présenter mes idées sur les améliorations qu'on pourrait introduire dans l'administration de la justice criminelle.

QUALITÉS ET DES DEVOIRS

D'UN

PRÉSIDENT DE COUR D'ASSISES.

Si nous recherchons de bonne foi pourquoi nous rencontrons un aussi petit nombre de présidens de cours d'assises vraiment capables de remplir convenablement leurs fonctions, nous sommes amenés à reconnaître qu'on ne peut l'attribuer qu'à la legèreté, à la négligence de ceux que la loi charge de les désigner; et, peut-être, à ce que la direction des débats et les autres devoirs attachés à la présidence des assises ne sont pas l'unique et la principale mission à laquelle on les destine.

Le plus ordinairement, en effet, depuis bien des années, on examine moins si le magistrat qu'on envoie présider les assises réunit les qualités sans lesquelles il n'obtiendra aucun succès, que si le choix qu'on va faire, peut entrer utilement dans telle combinaison politique.

On a trouvé raisonnable d'allouer au conseiller de Cour royale qui va présider les assises dans l'un des départemens du ressort, les frais de route et une indemnité pour séjour au chef-lieu judiciaire. Cette augmentation de traitement a bientôt été regardée comme une faveur qu'il était juste de répartir entre tous les conseillers; d'un autre côté les honneurs qu'on rend au président des assises, l'occasion de faire briller les talens que chacun croit avoir, n'ont point tardé à multiplier les solliciteurs : ainsi l'intérêt et l'amour-propre ont été mis en jeu; et les premiers présidens de Cours royales, pour se concilier la bienveillance de leur compagnie, ont nommé présidens des cours d'assises à peu près tous les conseillers à tour de rôle, souvent même malgré la répugnance de tel jeune magistrat qui, effrayé de son inexpérience, demandait avec instance qu'on lui laissât le temps de s'instruire davantage (1).

Ces délégations inconsidérées sont du reste contraires au vœu de la loi : le ministre et les Premiers Présidens n'ont-ils pas en effet été suffisamment avertis que tout conseiller de

(1) Le Premier Président d'une Cour royale délègue, pour aller présider les Assises, un fort jeune conseiller ; celui-ci, justement effrayé, demande en grâce qu'on renvoie à quelques années l'honneur qu'on veut lui faire, promettant de consacrer ce délai à l'étude la plus sérieuse du Code d'instruction criminelle.... Mon ami, dit le Premier Président, ayez sous les yeux le numéro de chaque article du Code qui règle le débat ; vous n'avez pas besoin d'autre chose.... Le jeune homme que cet expédient ne rassure point, renouvelle ses instances.... Monsieur, la loi veut que les Assises soient présidées par un conseiller de Cour royale : donnez votre démission si vous ne vous croyez pas capable de les présider.... Le jeune *Président malgré lui* passa les nuits à étudier les affaires. Il joignait à une conscience droite et délicate un cœur excellent, et le germe des talens qui depuis l'ont élevé à de hautes dignités. Il présida parfaitement ; mais un sot aurait tout compromis, et le Premier Président connaissait à peine son jeune collègue.

Cour royale n'est point apte à présider les Assises, par la disposition portant que, dans les premiers temps, les membres des cours de justice criminelle devenus conseillers de Cours royales, entreraient dans les chambres d'appel en matière correctionnelle; et que les présidens des Cours d'Assises seraient dans les premiers temps aussi, choisis exclusivement dans cette chambre?

Ces sages dispositions ne produisirent pas sur les Premiers Présidens des Cours royales l'effet que s'était promis le législateur. Les délégations se faisaient habituellement sans examen et sans choix; et l'incapacité d'un grand nombre de présidens de Cours d'Assises finit par causer un tel scandale, qu'à dater du ministère de M. Deserre, le Garde-des-sceaux usa du droit qu'il a de faire lui-même ces délégations.

Les abus ont diminué, mais les mêmes causes devant produire les mêmes effets, l'intrigue plutôt que la capacité détermine trop souvent encore le choix des présidens des Assises. Les sollicitations ont pénétré dans les bureaux du ministère ; les députés se chargent de les y colporter ; le ministre ne connaît pas les conseillers des Cours royales ; et les Premiers Présidens, les procureurs-généraux refusent le plus souvent de fournir des notes, dans la crainte de se faire des ennemis. (1)

(1) Les Premiers Présidens des Cours royales et les procureurs-généraux furent appelés au sacre de Charles X, et passèrent par Paris pour se rendre à Reims. Tous virent le directeur des affaires criminelles et des grâces. Les magistrats ont toujours su distinguer très honorablement celui qui se trouve chargé d'éclairer le chef de l'État dans l'usage de la plus belle de ses attributions.

Cette direction était alors confiée à un homme de bien qu'aucune considération n'arrête jamais quand il s'agit d'acquitter sa conscience. Il demanda des notes sur les conseillers que le ministre pouvait charger de présider les Assises, s'engageant à garder le secret le plus absolu. Il n'en obtint qu'un fort petit nombre, et ceux qui les lui refusèrent laissèrent échapper, soit par légèreté, soit par la crainte de froisser les intérêts ou l'amour-propre des hommes qu'il leur aurait fallu

Combien de fois aussi une condamnation, prononcée peut-être contre l'opinion du président, l'a-t-elle fait juger indigne de la confiance du Garde-des-sceaux, parce que cette condamnation frappait un homme du parti dominant !... (1)

signaler comme incapables, l'occasion toujours si précieuse de rendre au pays un service d'une bien haute importance !.....

(1) Dans le ressort d'une Cour royale, autre que celle de Paris, un maire fut traduit aux Assises pour sévices et violences extrêmement graves ; il fut acquitté, mais le malheureux blessé demanda et obtint des dommages-intérêts. Bientôt on remarqua que le conseiller qui avait prononcé cette juste réparation n'était plus délégué pour présider les Assises. Le préfet avait une estime particulière pour ce président à qui personne ne conteste une grande sagesse, une grande capacité. Dans un voyage à Paris, ce préfet veut savoir pourquoi le conseiller en question ne présidait plus les Assises.... On consulte les notes, et l'on trouve qu'à l'époque de la condamnation dont je viens de parler, le président des Assises avait été dénoncé comme professant de fort mauvais principes. Le préfet eût bientôt détruit cette

Comment expliquer autrement cette multiplicité d'arrêts de cassation dans les mêmes
espèces?... Combien de condamnations n'auraient pas été annulées, si la direction des
débats avait été confiée à des présidens plus
habiles?

L'incapacité des présidens d'Assises coûte,
chaque année, des sommes énormes à l'Etat,
et cette considération est d'une bien faible
importance, comparée aux abus autrement
graves qu'entraîne l'annulation de la plupart des arrêts qu'ils prononcent.

Et d'abord par rapport aux accusés : à
quelles terribles angoisses n'est pas livré le
malheureux, amené devant une Cour d'Assises
sous une accusation capitale?....Est-il coupable?... Le glaive de la loi est suspen-
du sur sa tête, à partir de son arrestation!...
Est-il innocent?... Je n'entreprendrai point
de peindre ses horribles souffrances!....

calomnie; mais s'il y eût mis moins de zèle, on serait
privé, depuis plus de dix ans, des bons services de l'un
de nos plus habiles présidens d'Assises.

Le moment arrive enfin de le mettre en jugement ; et après un débat, dans le cours duquel le ministère public n'observe pas toujours les règles d'une sage modération, qui, dans tous les cas, sied si bien à l'organe de la loi ; le jury le déclare coupable, et le président lui annonce que, plein de vie et de santé, il périra dans trois jours d'une mort infâme !... Ah ! du moins qu'on se hâte d'exécuter cet arrêt !... La société, la loi sont satisfaites ; ne prolongez pas inutilement l'agonie de ce malheureux !... Mais non, l'horreur de la mort l'a fait recourir en cassation ; le président a négligé une formalité substantielle, la procédure est annulée, et pendant six mois encore, cet accusé, que je suppose coupable, restera dans une incertitude mille fois plus affreuse que l'échafaud !

Mais ces cassations multipliées sont également préjudiciables à la société ; l'ordre et le repos publics peuvent-ils se maintenir dans un État où le crime compterait sur l'impunité ? où les familles seraient réduites à chercher dans leur propre fureur la réparation qu'elles ne trouveraient plus dans la loi?... Et l'annulation d'un arrêt de condamnation, l'épreuve d'un second débat, n'ont-elles pas le plus ordinairement pour résultat l'impunité du crime?....

Si dans les tentatives d'assassinat, par exemple, la victime, ce témoin important dont le récit, lorsqu'il ne semble pas dicté par la vengeance, porte la conviction dans l'ame des jurés, dont la présence confond l'audace de l'accusé, a succombé à ses blessures, ou peut-être à l'émotion produite sur ses sens affaiblis à la vue du misérable qui a osé attenter à sa vie, sera-t-il toujours possible de suppléer à ce moyen de conviction?....

En supposant que, dans le plus grand nombre des affaires, des témoins importans n'aient point payé le tribut à la nature, ou n'aient pas changé de domicile, en sorte que le ministère public ait été dans l'impossibilité de les faire citer, n'est-il pas d'expérience que, lorsqu'il s'ouvre un second débat sur la culpabilité du même individu, les témoins

sont plus intimidés, plus incertains du résultat de leurs dépositions, plus effrayés du
danger qui les menace, si l'accusé est acquitté?.... Les réticences se multiplient, les
faits se dénaturent, et comme les seconds
débats s'ouvrent devant de nouveaux juges,
personne ne peut relever la mauvaise foi de
ces témoins, ou seulement leurs erreurs dont,
au surplus, ils trouveraient l'excuse dans le
laps de temps qui s'est écoulé entre le moment où le délit a été commis et le second
débat.

D'un autre côté, les sollicitations de la famille de l'accusé, particulièrement s'il n'est
pas de la dernière classe de la société, deviennent d'autant plus actives qu'une première condamnation l'a suffisamment avertie
qu'elle court risque d'être entachée d'infamie.
On circonvient le jury, qu'on espère toujours
amener à l'indulgence. Quatre jurés sur douze
entrent dans la chambre des délibérations,
attendris encore par les sanglots d'une mère,
d'une épouse, de jeunes enfans au désespoir.... Les souffrances de la victime sont

oubliées, on n'est plus touché que des angoisses de l'accusé prolongées au-delà du terme ordinaire ; on déclare qu'il n'est pas coupable, et cette déclaration contraire à la vérité, a le double inconvénient de rendre à la liberté un homme dangereux pour la société, et d'accréditer cette croyance populaire que les criminels d'une condition élevée sont rarement atteints par la loi.

Poursuivons... Après un arrêt de cassation, le défenseur, qui, trop souvent, attache son honneur à l'acquittement de son client, lors même que la culpabilité est clairement établie, s'efforce de faire croire, et parvient quelquefois à persuader au jury que la cour régulatrice s'est déterminée à casser le premier arrêt, parce que l'accusé lui a paru innocent ; assertion que le défenseur sait être mensongère, mais qu'il ne manque pas de produire toutes les fois que chez lui l'amour-propre l'emporte sur la délicatesse, premier attribut de sa noble profession.

Il est donc vrai qu'un accusé ne peut, en

général, être soumis à une seconde Cour d'Assises pour le même fait, sans y trouver un
jury prévenu en sa faveur ; il est donc vrai
que le plus souvent aussi l'accusation n'y a
d'autre appui que les raisonnemens du ministère public, ressource peu rassurante pour
la société, par suite des préventions qu'on est
parvenu à établir contre cet organe de la loi,
ressource nécessairement insuffisante au surplus, si le magistrat chargé de soutenir l'accusation, oubliant que la vérité est le seul
objet de ses recherches et de ses efforts, cédant à son tour au sentiment que je reprochais,
il n'y a qu'un instant, au défenseur, prenant
la salle d'audience pour un arène, la discussion pour un combat, l'acquittement de l'accusé comme une défaite, s'obstine à voir un
coupable dans tout accusé, et se croit astreint,
dans tous les cas, à requérir une condamnation.

Pouvons-nous assez déplorer un abus aussi
funeste?... Pouvons-nous répéter trop souvent au jeune homme qui débute dans la
carrière du ministère public, qu'il trahit ses

devoirs, qu'il renonce pour toujours au titre d'homme de bien , s'il n'a pas habituellement la loyauté de déclarer au jury , quand les débats ont fait disparaître les charges, qu'il ne lui est plus permis de plaider que l'accusé soit l'auteur ou le complice du fait qui lui était imputé, ou du moins que la culpabilité lui paraît tellement douteuse que sa conscience lui reprocherait de soutenir l'accusation (1) ?

(1) Qu'il me soit permis de rendre un hommage public au magistrat qui voulut bien m'adopter pour son élève à mon début dans la magistrature… M. Despatys, président du tribunal civil à Melun , ex-constituant , et appelé à diverses reprises à la chambre des députés , entra dans la magistrature au sortir des écoles de droit, et commanda l'estime et le respect à un âge où communément on a besoin d'indulgence. Il sut, dans tous les temps, s'attirer la confiance de ses collègues par une modestie qui laisse à peine apercevoir sa supériorité, et encourager leurs efforts par des marques d'estime et d'amitié qui, les honorant aux yeux du public, les relèvent à leurs propres yeux. C'est à ses leçons, c'est à sa conduite comme procureur-général, que j'ai dû les premières notions sur l'importance, la variété des devoirs d'un juge criminel,

On se plaint, avec raison, des lenteurs de nos procédures criminelles, et peut-être est-

et ce qu'il doit s'imposer de sacrifices pour les remplir dignement.

Comment n'aurais-je point placé en tête de ces devoirs la plus stricte impartialité, voyant chaque jour, à une époque où, dans un rayon de vingt à trente lieues autour de Paris, des bandes de scélérats exerçaient les plus horribles brigandages; dans les procès qui présentaient les crimes les plus atroces, M. Despatys beaucoup moins occupé de la condamnation des accusés que de la recherche de la vérité!..... Lorsqu'à la suite d'une procédure qui avait exigé plusieurs mois d'un travail assidu, après un débat long et animé, j'entendais M. Despatys, que n'auraient pu séduire l'astuce des accusés, les talens et les efforts de l'avocat, déclarer consciencieusement au jury que l'accusation ne lui paraissait pas suffisamment justifiée?...

Combien de fois, particulièrement depuis que j'ai eu l'honneur d'être appelé à la Cour de Cassation, ai-je gémi sur l'oubli des ministres qui ont laissé dans des fonctions subalternes le maître habile à qui je dois mon avancement, le magistrat le plus digne d'être offert pour modèle!...

Qu'il me soit encore permis d'exprimer ici la vive sa-

il permis de regretter l'usage de tenir des
Assises tous les mois, ainsi qu'il était établi

tisfaction que j'ai éprouvée en rencontrant dans un magistrat, jeune encore, les talens et la rare impartialité
de mon vieux et honorable ami.

Cité comme témoin à décharge dans une affaire dont
le débat se prolongea fort avant dans la nuit, on trouvera tout simple qu'indépendamment de l'intérêt que
je portais aux accusés, d'anciens souvenirs et cet écrit
même que j'étais sur le point de publier, m'aient fait
braver la fatigue de deux longues séances, dans une
salle entièrement remplie, l'un des jours les plus
chauds du mois de juillet dernier.

Ainsi que j'ai eu l'occasion de le dire, je retrouvais
dans le président de la Cour d'Assises la bonté, l'impartialité, l'amour de ses devoirs, l'unique désir de
découvrir la vérité que j'exige de tout président ;
d'un autre côté, le beau talent, la sage modération de
Mᶜ Bourgeois, avocat de ceux en faveur desquels j'avais
à citer un fait utile à leur défense, soutenaient agréa-
blement mon attention.

Pourquoi ne ferais-je pas l'aveu que ces diverses
jouissances, car je jouissais bien réellement, étaient
souvent troublées par l'inquiétude que me causait la
jeunesse du substitut chargé de soutenir l'accusation?..

avant 1810 ; mais sans examiner ici cette question, n'est-il pas évident que les auteurs du code d'instruction criminelle en statuant que les Assises ne tiendraient habituellement que tous les trois mois, ne pouvaient pas prévoir que l'incapacité du président ferait souvent renvoyer à près d'un an le jugement définitif d'une affaire ?....

Ce magistrat me pardonnera cette inquiétude ; l'aveu que j'en fais est une garantie de la sincérité de l'hommage que je me hâte de lui rendre.

Élocution facile, brillante même au besoin, sans que le travail se laisse soupçonner, méthode remarquable, sensibilité que la sévérité de son ministère ne lui permettra jamais de dissimuler et qui d'ailleurs ne nuira point à ses succès : telles sont les qualités que m'a paru réunir à un haut degré M. Lentaignes, substitut de M. le procureur du roi à Alençon.

Si ce jeune magistrat est maître de lui - même dans toutes les affaires comme il l'a été dans celle dont j'ai suivi les débats, je désire sincèrement qu'un avancement rapide récompense ses efforts, et serve d'encouragement à ceux qui suivent la même carrière. (Mes vœux sont remplis, M. Lentaignes vient d'être nommé procureur du roi.)

Le législateur pouvait-il supposer que tel conseiller serait appelé à présider les Assises, non parce que ses talens, son expérience présenteraient à l'accusé, à la société l'assurance que les formes protectrices de la justice seraient religieusement observées , mais parce que ses opinions politiques , le liant de son caractère, la souplesse de ses manières donneraient lieu d'espérer qu'à l'aide de ses rapports avec un grand nombre de fonctionnaires, et surtout avec les jurés tous électeurs, il dirigerait les élections suivant le système du moment?...

Ne confiez les présidences des Cours d'Assises qu'aux magistrats qui réunissent les qualités qu'exigent ces importantes fonctions ; n'appelez au service du parquet que des hommes vraiment dignes de parler le langage de la loi, vous verrez bientôt disparaître les abus dont je viens d'indiquer une partie.

Laissant à d'autres le soin de détailler les qualités que doit réunir le magistrat chargé du ministère public, je vais essayer d'exposer

celles qui sont indispensables au président
des Assises, dans la confiance que tel magistrat qui ne reconnaîtrait pas en lui les plus
importantes de ces qualités, n'aura pas la
témérité de se charger d'un fardeau évidemment au-dessus de ses forces.

Le président d'une Cour d'Assises doit avoir
une connaissance profonde du cœur humain,
une sensibilité qui le fasse compatir aux maux
de ses semblables, lui laissant toutefois assez
de fermeté pour rechercher sans trouble les
preuves de culpabilité, prononcer sans hésitation la peine applicable au crime reconnu,
et réprimer avec énergie les écarts qui jette-
raient le trouble dans le temple de la justice,
ou porteraient atteinte au respect dû, dans
toutes circonstances, au magistrat chargé de
prononcer ses oracles; une patience, une bonté que n'altèrent jamais ni les misérables
subterfuges, ni les mensonges du coupable
qui veut déguiser son crime, ni même les
grossières injures, les mouvemens de fureur
que lui arrachent les preuves multipliées qui
le confondent et l'accablent.

Il doit parler ce langage paternel qui rassure et encourage les témoins, plus ou moins troublés par la majesté de l'audience, intimidés par la présence de l'accusé, par ses injures ou ses menaces.

Il a besoin d'une sagacité qui saisit rapidement ce que peuvent présenter d'important un mot, un geste, une réticence de l'accusé ou du témoin ; d'une mémoire assez sûre pour relever à l'instant, mais toujours avec calme, les contradictions qui échapperaient soit à l'accusé, soit au témoin, en leur rappelant ce que le juge d'instruction a consigné dans l'instruction écrite, et en leur demandant d'expliquer cette contradiction.

Il doit faire abnégation de lui-même, ne jamais préparer de discours à l'avance, et éviter ces saillies dont le moindre inconvénient serait d'attirer sur lui l'attention des jurés et de les distraire ainsi de l'objet unique de leurs recherches, la découverte de la vérité.

Il doit en outre être doué d'une grande douceur, d'une grande urbanité, pour prévenir ou apaiser sur-le-champ toute lutte d'amour-propre, toute discussion amère entre les juges, les jurés, le ministère public, l'avocat et l'accusé.

Enfin le président d'une Cour d'Assises doit être laborieux, austère dans ses mœurs et religieux. Il doit être dans la force de l'âge et d'un extérieur qui ne repousse pas les égards de la multitude.

Et d'abord il doit savoir que le besoin et le désir de sa conservation suggèrent à l'homme le moins intelligent les combinaisons les plus habiles pour échapper aux investigations de la justice, à la sévérité des lois; il ne se laissera donc pas séduire par des dehors hypocrites, par des récits où les faits s'enchaînent avec art; il saura se tenir en garde contre les témoignages invoqués par l'accusé, à l'appui de son système de défense, jusqu'à ce qu'il ait pu peser ces témoignages pour en connaître la valeur.

Mais il sait aussi que des soupçons suffisent pour motiver les premiers actes des officiers de police judiciaire ; que les horreurs
de la prison, le chagrin d'être enlevé à sa famille, à ses occupations ordinaires, la honte
d'être confondu avec les hommes les plus
pervers, et de leur être assimilé, peuvent réduire le prévenu à l'impuissance de repousser, dans les premiers instans , les charges
qu'on lui oppose , et que cette impuissance
suffit pour entraîner l'arrêt de mise en accusation.

Un président habile n'ignore pas non plus
que l'intérêt de donner une fausse direction
à la justice, peut avoir changé en dénonciateurs les auteurs mêmes du crime. Il sus-
pend donc son jugement , jusqu'au jour du
débat , dans la confiance que la vérité y
triomphera du mensonge. Il se défend de
toute impression qui le porterait à voir un
coupable dans chaque accusé. Une telle disposition d'esprit l'entraînerait forcément à peser davantage sur les circonstances à charge,
et l'accusé trouverait ainsi un second adver-

saire dans la personne du président que la loi a voulu lui donner pour protecteur.

Tel est, en effet, le titre qui convient au président d'une Cour d'Assises envers les accusés ; ce titre sera celui qui le flattera le plus, et tous ses efforts tendront à en remplir les obligations, s'il veut empêcher que d'autres que lui ne s'en emparent au détriment de la justice.

N'est-il pas, d'ailleurs, dans la nature des choses que la position de l'accusé , quel que soit le crime, quelle que soit l'évidence des preuves, inspire de l'intérêt, appelle la protection ?

Si le président ne compatit point à son malheur ; s'il énumère exclusivement les charges, si c'est toujours froidement et sans aucune sorte d'émotion qu'il adresse à l'accusé les interpellations nécessaires à la manifestation de la vérité, il quitte le rôle de protecteur pour l'abandonner au jury ; et dès-lors , comme l'a dit ce magistrat si digne de prési-

der la Cour de Cassation (1), les pouvoirs
sont déplacés, les fonctions interverties, tout
est désordre et confusion.

Un homme froid n'exercera jamais convenablement envers l'accusé, l'espèce de pa-
tronage dont le président devrait s'emparer,
si la loi ne le lui conférait pas.

Je ne supposerai pas qu'on ait jamais eu à
reprocher à un seul président de la brusquerie dans les manières, de la rudesse dans les
propos. Eh quoi !... le législateur a voulu
que l'accusé parût aux débats libre et sans fers,
pour lui laisser jusqu'à l'usage des mouvemens
qui peuvent ajouter à l'énergie de la défense,
et il autoriserait le président à lui parler avec
dureté ou habituellement avec sévérité !...
comme si la liberté d'esprit n'était pas plus
nécessaire à l'exercice du droit de défense que
la liberté du corps !... Dans le cas où vous

(1) M. Portalis, discours de rentrée de la Cour,
3 novembre 1829.

n'auriez à votre disposition aucun autre moyen de prévenir un malheur, que l'accusé soit chargé de chaînes, si la violence de son caractère ou de ses menaces dûment constatées vous font appréhender qu'il n'attente à sa propre vie, à celle d'un complice dont les révélations lui auraient enlevé tout espoir de salut, à celle d'un témoin qui lui démontrerait l'inutilité de ses dénégations : ne doutez pas que de nouveaux actes de fureur ne viennent , dans le cours des débats , justifier votre prévoyance et démontrer qu'en vous écartant du texte du code d'instruction, vous avez cédé à la nécessité, la première de toutes les lois ; mais ne blessez jamais son amour-propre, mais ne perdez pas de vue un seul instant tout ce que sa position a de pénible : en un mot, remplissez la première, la plus sacrée des obligations que vous impose la loi ; laissez à l'accusé le libre usage de toutes les facultés de son ame. Autrement vous fermerez tout accès à la conviction dans l'esprit des jurés, vous les entraînerez peut-être, tant l'esprit humain est faible et bizarre , à faire une déclaration contraire au cri de leur conscience, pour venger l'accusé de toutes vos duretés.

Le jury violerait la loi, sans doute, et sacrifierait les intérêts de la société; mais comment qualifier la conduite du président qui aurait donné le prétexte de cet acquittement scandaleux ?...

Au surplus, je répète avec confiance que jamais un magistrat ne se sera rendu coupable de semblables excès.

Je ne crains pas non plus que la modération d'un président éclairé, ses égards pour l'accusé dégénèrent jamais en faiblesse. S'il se souvient dans tout le cours des débats qu'il est le protecteur (j'allais dire le père de l'accusé) il ne perd pas de vue non plus qu'il est le ministre de la loi, l'homme de la Patrie offensée par le crime dont elle recherche l'auteur. Tous ses efforts tendent donc à écarter les obstacles qui empêcheraient la vérité de paraître au grand jour ; il relève avec précision et clarté tout ce que les débats présentent à la charge de l'accusé; et ses observations en ce genre opèrent sur l'esprit des jurés des impressions d'autant plus profondes, qu'il a mis plus de soin à faire remarquer également les faits qui venaient à sa décharge, et plus de fermeté à arrêter le ministère public qui laisserait percer quelque disposition à mêler l'outrage à la véhémence de ses attaques, à la chaleur de ses répliques.

Mais l'accusé n'est pas le seul que le président doive protéger dans le cours des débats. Les témoins jetteront le plus grand jour sur les faits de la cause, ou les rendront plus obscurs, suivant que le président les encouragera par un accent, un langage paternels, ou les intimidera par un front sévère, ou des marques d'impatience. Raconter avec vérité ce qu'on a vu ou entendu; quel jour et à quelle heure les faits se sont passés; à quelle distance on se trouvait du lieu du délit, ou des individus; comment ils étaient vêtus; leur calme, leur abattement, leur audace ou leur fureur; voilà généralement ce qui compose une déclaration de témoins, et personne, ce me semble, ne peut éprouver d'embarras, de difficulté à fournir ces renseignemens à la justice (1).

Toutefois , si le témoin est timide, si c'est un homme sans éducation , une femme , un enfant, l'obligation de paraître en public leur est extrêmement pénible ; le moment de déposer ne les trouve jamais calmes et assurés. La présence des juges, des jurés, du public, de l'accusé et de sa famille les agite au point de leur faire oublier les faits les plus simples , ceux-mêmes dont ils ont souvent

(1) Les hommes superficiels trouveront ces détails minutieux et inutiles , l'heure aussi précise que possible ; la forme et la couleur des vêtemens ; la présence ou l'absence de toute arme, etc. , etc. Aucune de ces circonstances n'est toutefois indifférente ; et le président doit les faire préciser , lorsque , sur les mêmes faits, il reçoit la déposition de plusieurs témoins. Il est évident, en effet , que les témoignages perdent beaucoup d'importance, s'ils offrent des contradictions, et qu'ils en acquièrent une grande, s'ils sont uniformes sur les mêmes circonstances.

entretenu leurs amis ; et certes il serait d'une grande injustice de les poursuivre en faux témoignage.

Un président exercé s'aperçoit aisément de ces embarras ; il rassure le témoin, l'encourage, et ne regarde pas comme un temps perdu, celui qu'il emploie à le calmer entièrement. Loin de lui adresser des reproches qui l'humilieraient et le troubleraient davantage, il ne voit dans cet excès de timidité, qu'une délicatesse honorable, qui craint d'ajouter au témoignage quelques circonstances erronées ; il la préfère à cette assurance voisine de l'effronterie, indice assez certain de quelque passion.

La sainteté du serment ; le droit qu'on ne peut contester à la société d'exiger de chacun de ses membres les moyens qu'il a de concourir à la répression du crime ; la garantie assurée par la loi au témoin qui dit la vérité ; le blâme qui s'attache à celui qui la déguise, sont autant de textes d'où le président fait dériver les encouragemens qu'il présente au témoin intimidé ; et s'il parle simplément et avec bonté, le trouble et la préoccupation disparaissent bientôt , et la déposition est conforme à la vérité.

Le président n'interrompt jamais le témoin et ne souffre pas qu'on l'interrompe (1).

Il le laisse parler son langage incorrect ; c'est le moyen le plus sûr de connaître sa pensée. Les jurés, tous pris dans le département, les accusés, le défenseur au moins comprendront fort bien les mauvaises locutions du pays. (On voit qu'il ne s'agit point ici de témoins qui ne parleraient pas la même langue ou le même idiome que les jurés ou l'accusé) (2).

(1) Le témoin ne pourra être interrompu.... art. 319, paragraphe 2.

(2) ... Dans le cas où l'accusé, les témoins ou l'un d'eux ne parleraient pas la même langue ou le même idiome, le président nommera d'office un interprète à peine de nullité.... art. 332 , paragraphe 1er. (Il y a

Que le président se garde bien de traduire la déposition en un langage plus épuré !... Le témoin, pour faire cesser plutôt l'embar-ras de sa position, s'empresserait d'adopter comme siennes les pensées du président, au risque d'altérer la vérité.

Déployez toute la sévérité de la loi contre le faux témoin ; il peut entraîner la condamnation d'un innocent , assurer l'impunité d'un coupable et enhardir ainsi le crime !... Criminel lui-même au premier chef, son impunité serait un malheur public. Mais ne voyez pas toujours un faux témoignage dans des contradictions entre les déclarations écrites et la déposition orale.

N'oubliez pas que, le plus communément, les juges d'instruction commettent la faute que je signalais il n'y a qu'un instant : la déclaration du témoin, quels que soient son

évidemment égale nécessité de nommer un inteprète, si les jurés ne comprennent pas la langue ou l'idiome des témoins.)

âge, son éducation , sa position sociale, est toujours consignée dans un style correct et fort épuré ; comme si la grossièreté du langage, et les locutions vicieuses du témoin pouvaient être imputées au juge, et porter atteinte à la considération qu'il doit ambitionner et mériter !...

Il résulte de cet abus, à peu près général, qu'au lieu de trouver dans la première information la déclaration du témoin , on n'y trouve plus que la manière dont le premier juge a saisi le sens de cette déclaration , sans qu'assurément on puisse supposer une intention coupable à ce magistrat.

On ne manque pas, à la vérité, de donner lecture au témoin de sa déclaration ; il a la faculté de faire rectifier les erreurs qui s'y seraient glissées. Mais si le témoin est un enfant, un homme du peuple, saisira-t-il toujours la différence de ce qu'il a dit avec ce qu'on lui a fait dire ? Ne croirait-il pas manquer de respect au juge d'instruction, en demandant qu'on fît quelques changemens à ce qui est écrit ?... N'est-il pas vrai d'ailleurs que ce qui l'occupe uniquement c'est le désir de sortir de la chambre d'instruction ?...

Pourquoi les magistrats chargés d'une information n'emploieraient-ils pas, pour consigner la déclaration de témoins, la formule suivante qui préviendrait toute erreur ?...

Est comparu...(Noms et prénoms... âge, profession, domicile... lequel a dit... écrire ensuite ce qu'il déclare, dans les termes qu'il l'exprime.)

Que les présidens de Cours d'Assises se rappellent combien de fois, aux débats, un témoin a repoussé le reproche de se contredire, en indiquant en quel point le juge d'instruction avait mal saisi, mal rendu le sens de sa déclaration !...

Ne peut-il pas arriver toutefois que le témoignage ainsi altéré, soit d'une grande importance, qu'il soit décisif, qu'il soit unique sur le fait principal de l'accusation ?... Ne peut-il pas arriver ?... réfléchissez sur cette hypothèse.... Ne peut-il pas arriver que le témoin soit mort ou absent , et que le président, usant du pouvoir discrétionnaire que lui confie l'art. 269 du code d'instruction criminelle, ordonne la lecture de la déclaration dont personne ne pourra plus rectifier les erreurs, et que cette déclaration entraîne la condamnation de l'accusé, parce que les jurés y auraient puisé leur conviction !...

Cette dernière considération pourra donner au gouvernement l'idée de proposer, dans un projet de loi , la formule du procès-verbal que je viens d'indiquer.

Les premières déclarations ne sont, au surplus, que de simples notes, et ce n'est qu'aux débats que la loi reconnaît le témoin proprement dit : aussi ne peut-il y avoir de poursuite en faux témoignage qu'autant que les détails fournis au jury, sous la foi du serment, seraient mensongers. Les dépositions appartiennent aux témoins; et s'ils n'étaient pas maîtres de réformer les premières déclarations contenant des erreurs, sans s'exposer à des poursuites criminelles, le glaive de la loi frapperait souvent à faux, et beaucoup d'arrêts ne seraient plus que des assassinats judiciaires.

D'un autre côté, les poursuites en faux témoignages commençant communément à l'audience même où le témoin fait sa déposition, cet incident jette nécessairement les autres témoins dans une perplexité toujours nuisible à la manifestation de la vérité.

Il ne suit nullement de ces réflexions que le faux témoin ne doive pas être poursuivi; son crime, au contraire, appelle, comme je l'ai dit, toute la sévérité de la loi : il est seulement à désirer que le président ne commence, dans le cours des débats, une instruction en faux témoignage, que dans le cas où la mauvaise foi serait évidente et opiniâtre.

La faculté accordée à l'accusé et à son conseil de reprocher (1) les témoins est souvent l'occasion de grandes fautes pour le président.

Le législateur a dû prévoir qu'il pourrait exister des motifs de haine et de vengeance entre le témoin et l'accusé. N'est-il pas possible aussi que le ministère public soit contraint d'appeler le témoignage de gens dont la délicatesse ne soit point parfaitement établie ? Ne voit-on pas chaque jour citer, pour donner des renseignemens, des hommes extraits des prisons et même des bagnes ?.... Et quoique les gens condamnés à des peines infamantes ne soient point admis à la solennité du serment, est-on jamais assuré si tel juré n'a point puisé sa conviction dans une déposition que la loi ne lui présentait qu'à titre de simple renseignement ?.... N'est-il pas absolument possible d'ailleurs, comme je l'ai déja fait observer, que tel témoin soit le véritable coupable, ou seulement entraîné à perdre un

(1) L'accusé ou son conseil pourront dire, tant contre le témoin que contre son témoignage, tout ce qui pourra être utile à la défense.... art. 319.

innocent par le besoin de sauver un parent ,
un ami qui aurait commis le crime poursuivi
par le ministère public.

Il était donc juste d'accorder à l'accusé le
droit de révéler au jury les faits propres à atténuer la confiance qui n'est due qu'au témoin vraiment irréprochable.

Un président sans expérience aperçoit l'injure, là où le plus souvent ne se trouve que
la plus légitime défense ; réprime avec véhémence les plus simples reproches ; impute à
crime certaines expressions grossières, suite
inévitable d'une mauvaise éducation; et trouble ainsi les idées de l'accusé, au moment où
il allait peut-être détruire des assertions
mensongères , ou seulement erronées qui
pouvaient entraîner sa condamnation?

Gardez-vous de faire cesser trop tôt le débat entre l'accusé et le témoin ; souffrez qu'il
s'y glisse parfois de la chaleur, de l'amertume, de l'âcreté; la dissimulation n'est plus
possible alors, et la vérité, que vous devez

chercher uniquement, jaillira d'autant plus sûrement que la lutte aura été plus animée.

Que le président représente à l'accusé, mais avec douceur et bonté, que trop d'aigreur nuirait à ses intérêts, qu'en s'abandonnant à trop de violence, il va peut-être disposer le jury à le croire capable de commettre un grand crime. — Au témoin, si c'est un homme de bien, que les injures de l'accusé ne nuiront point à sa réputation; que le public n'ajoute aucune foi à des calomnies qui n'ont pas même pour effet d'atténuer son témoignage; qu'après tout, l'accusé abuse peut-être du droit que la loi lui donne, mais que sa position, ses habitudes et le défaut d'éducation doivent lui faire pardonner quelque emportement.

Si le témoin, par des antécédens fâcheux, n'inspire pas une confiance entière, et que l'accusé ait pensé à tirer avantage de cette circonstance, le président, sans mêler ses reproches personnels à ceux de l'accusé, doit faire comprendre à ce témoin que le désa-

grément qu'il éprouve est une suite inévitable de ses fautes ; que sans doute la loi n'a
plus de compte à lui en demander si elles
sont expiées, mais que les hommes en conservent la mémoire.

On voit que, sans restreindre les droits que
l'art. 319 donne à l'accusé, il est facile au
président de prévenir les abus qu'ils peuvent
entraîner.

L'exécution de cet article est cependant
chaque jour l'écueil d'un président des Assises. S'il a de la pédanterie, de la morgue, qui,
dans sa pensée seraient de la dignité, ses remontrances, toujours amères, réduisent l'accusé au silence, ou compriment ses mouvemens au point de réduire à la discussion la
plus froide, et conséquemment la plus inutile, une lutte qui n'eût été peut-être que
l'expression énergique de la plus légitime
indignation.

Toutefois, les témoins sont les hommes de
la loi ; c'est en son nom qu'ils sont appelés ;

c'est sous son égide qu'ils doivent jouir, dans toute sa plénitude, de la liberté d'esprit sans laquelle leur témoignage inspirerait rarement une juste confiance, et pourrait même ne plus présenter la vérité. C'est donc au président de les couvrir de toute sa protection, et de veiller à ce que les reproches autorisés par la loi ne dégénèrent jamais en outrages. L'outrage, en effet, peut-il en aucun cas être utile à la défense ?.....

L'indulgence que je réclamais, il n'y a qu'un instant, pour quelques expressions grossières qui échapperaient à l'accusé, serait un abus fort blâmable, si le président l'accordait au même degré au défenseur, à qui pourtant l'article 319 donne le même droit qu'à son client. Quel pourrait être, en effet, le prétexte de cet excès d'indulgence ? Une lutte passionnée entre le conseil de l'accusé et le témoin pourrait-elle avoir d'autre résultat qu'une réciprocité d'injures aussi contraire à la dignité de l'audience que nuisible à la manifestation de la vérité !... L'avocat qui s'oublierait au point d'outrager un té-

moin, pourrait-il d'ailleurs trouver une excuse dans le défaut d'éducation?...

Tout président attentif saisira facilement
la différence de position de l'accusé et de son
défenseur, et cette différence règlera sa conduite envers l'un et l'autre. Les observations,
les reproches, sont permis à tous deux : ils
peuvent être *utiles à la défense;* la chaleur,
l'amertume, quelques expressions grossières
sont pardonnées à l'accusé, jamais à l'avocat,
à qui la loi fait un devoir de se tenir dans
les bornes de la décence et de la modération. (1)

J'ai dit que le président d'une Cour d'Assises ne doit pas toujours voir le faux témoignage dans des contradictions entre les déclarations écrites et les dépositions orales : mais
ces contradictions, qui ne dénotent pas tou-

(1) Le président avertira le conseil de l'accusé qu'il
ne peut rien dire contre sa conscience ou contre le respect dû aux lois, et qu'il doit s'exprimer avec décence
et modération.... art. 311.

jours l'intention de déguiser la vérité, doivent être expliquées par le témoin; et le président ne peut pas , sans inconvénient , laisser le soin de les relever au ministère public , dont la voix accusatrice le jetterait dans le trouble et l'épouvante, tandis que le plus souvent il suffit de lui rappeler certaines circonstances effacées de sa mémoire. Ce ne sera donc jamais sous la forme du reproche, mais de simple observation, que le président, s'il trouve une contradiction entre les témoignages, la fera remarquer au témoin, en l'invitant à expliquer comment la seconde déclaration diffère de la première.

N'oublions pas que la bonne foi doit toujours diriger le magistrat. D'Aguesseau n'a-t-il pas dit : *Un juge qui n'est pas un modèle de probité, n'est pas même un honnête homme!*... Que le président d'une Cour d'Assises ne perde jamais de vue que les débats ne s'ouvrent pas pour prouver que l'accusé est coupable, mais pour rechercher s'il est coupable ; que les témoignages n'ont pour objet que de faciliter cette recherche ; qu'ils n'amènent ce résultat qu'autant qu'ils présentent la vérité ; mais que la vérité ne se fait jour que dans le calme et l'absence de toute passion.

S'il arrivait qu'un président d'Assises ne donnât pas autant de soin à l'examen des témoins et de leurs témoignages, qu'à celui des accusés ; s'il ne réunissait pas tous ses efforts pour écarter de chaque déposition importante ce que la haine, la vengeance, l'amour-propre peut-être, et d'un autre côté ce que l'amitié, une sensibilité mal conçue, la subornation , auraient substitué à la vérité, il manquerait au premier , au plus important de ses devoirs, il ne serait plus magistrat.

A défaut du président, il faut bien que le ministère public , qui doit aussi rechercher la vérité, se charge de ce soin. Ses observations en provoquent de la part de l'accusé ou de son conseil; l'amertume s'insinue dans la discussion, le mot *faux témoignage* est prononcé, le témoin se trouble, son orgueil est offensé, la vérité vous échappe, votre but est manqué !...

Rien de semblable n'arrivera si le président remplit ses devoirs, et si la douceur et la bonté accompagnent toujours ses observations.

Cette seule partie de ses devoirs établirait suffisamment qu'il doit aimer le travail et qu'il a besoin d'une mémoire sûre et fidèle. Il est évident, en effet, qu'il ne relèvera les contradictions vraies ou apparentes du témoin qu'autant qu'il aura étudié à l'avance la procédure écrite?

Quel travail n'exige pas cette étude, qui deviendrait nuisible à la découverte de la vérité, si elle n'était que superficielle !

Depuis que les Assises ne tiennent plus que tous les trois mois, combien d'affaires juge-t-on dans une seule session?... Combien de témoins cités à l'appui de chacun des actes d'accusation, quelle funeste confusion va régner dans les débats, si le président n'a pas eu le courage de dévorer la fatigue et l'ennui de recherches détaillées et approfondies sur chaque procédure?

Ah ! du moins, s'il ne résultait de sa légèreté, de son peu d'application, que la honte
de dévoiler son incapacité, ce serait une juste
punition de sa coupable négligence ; mais un
président, assez ennemi du travail, assez in-
différent à l'accomplissement de ses devoirs
pour oser ouvrir un débat sans connaître à
fond les actes importans de la procédure, ne
devient-il pas le principal obstacle à la manifestation de la vérité?...

D'un autre côté, à quoi bon tant de travail,
à quoi bon une étude aussi approfondie, si
la mémoire ne reproduit pas facilement tout
ce qui lui a été confié ?

Je n'ai encore envisagé la nécessité du travail et d'une mémoire sûre et fidèle, chez le
président des Assises, que par rapport aux
témoins, et dans l'intérêt d'écarter les incertitudes que pourraient susciter les contradictions de leurs déclarations.

Mais s'il faut juger une bande de malfaiteurs dans laquelle se rencontrent communé-

ment plusieurs membres de la même famille, qui ne peuvent plus être reconnus que par leurs prénoms... Si, comme il arrive le plus souvent encore, cette bande est accusée de forfaits différens, où ne figurent comme auteurs ou complices qu'un certain nombre d'accusés, les recherches du président peuvent-elles être trop multipliées, trop approfondies, et ne sont-elles pas indispensables?...

Ne faut-il pas qu'aux débats il fixe, pour chaque fait séparé, l'attention du jury sur chacun de ceux qui en sont accusés? Et s'il commet une seule erreur, les jurés ne restent-ils pas dans une incertitude qui rend indispensable l'acquittement de brigands qui ont porté la désolation et la mort dans les contrées qu'ils avaient choisies pour théâtre de leurs forfaits?...

Les jurés ne voient les accusés qu'à l'audience, n'apprennent les détails que par la lecture qu'on leur fait de l'acte d'accusation et par les débats; le président seul peut leur

faire connaître individuellement chaque accusé, ainsi que les faits qui lui sont personnellement imputés ; et si, dans le cours des
débats, il confond les faits et les individus,
comment les jurés les démêleront-ils dans la
chambre des délibérations?... Et s'il leur
reste la moindre incertitude, n'y aura-t-il
pas pour eux nécessité absolue de répondre
négativement à toutes les questions de culpabilité?...

Mais par quels moyens le président d'une
Cour d'Assises acquerra-t-il cette connaissance individuelle des accusés, et celle des
faits isolés imputés à chacun d'eux?...

Par la persévérance de ses recherches, par
des interrogatoires souvent répétés, par l'é-
tude qu'il fera du signalement de chacun,
par l'habitude qu'il contractera, en multi-
pliant ses communications avec eux, d'appliquer à chaque individu les faits particuliers
dont il est accusé, soit comme auteur, soit
comme complice ; enfin, par un travail de
quinze jours, d'un mois peut-être.

Ce travail vous effraye-t-il? est-il au-dessus de vos forces?... L'entreprendriez-vous inutilement, parce que votre mémoire ne vous rendrait qu'imparfaitement le résultat de tant d'application?... Restez au rang de simple juge, où ne vous hazardez pas du moins à présider les Assises, s'il doit s'y présenter une affaire aussi compliquée.... Vous compromettriez ce que la société peut vous confier de plus sacré, le sort des accusés; vous compromettriez votre conscience, vous compromettriez votre honneur!...

Et ce n'est pas assez, pour le président d'une Cour d'Assises, d'avoir sacrifié ses plaisirs, son sommeil, à l'étude des procédures, d'avoir acquis, par un travail aussi fastidieux qu'opiniâtre, dans toutes les affaires qui réunissent un certain nombre d'accusés, une connaissance assez exacte des individus pour ne donner lieu, pendant le débat, à aucune confusion dans l'application des faits imputés à chacun; il lui reste un autre sacrifice à faire, et celui-là lui paraîtra le plus pénible, il est même évidemment au-dessus de ses forces, s'il n'est

pas exclusivement dominé par l'amour de
son devoir : je veux parler de l'abnégation de
lui-même.

La carrière du président des Assises ne lui
offre que des épines ; le témoignage de sa
conscience; la satisfaction d'avoir rempli dignement l'une des plus honorables et des
plus importantes fonctions, sont les seules
récompenses qu'il doive attendre et qu'il lui
soit permis de désirer.

Qu'il se garde surtout de viser à la réputation d'homme éloquent, et de puiser dans la
déclaration écrite d'un témoin, la matière
d'un discours préparé, l'occasion de développer avec art des maximes de morale, qu'il
est bon sans doute de présenter à l'occasion,
mais toujours sans apprêt, sans affectation.

Le président a-t-il péniblement élaboré
des phrases plus ou moins sonores, d'après
une déclaration de témoin consignée dans la
procédure? Il ne voudra pas avoir travaillé
sans fruit; vous le verrez torturer ce témoin

jusqu'à ce qu'il ait répété littéralement aux débats ce qu'il a dit au juge d'instruction, ou peut-être ce que ce magistrat aura compris de sa déclaration.

Ce sera donc en vain que le législateur aura voulu laisser aux témoins la liberté de modifier, de dénaturer même leurs premières déclarations ; ce sera en vain que la loi aura statué que l'acte d'accusation et ce qui se passe aux débats doivent être les seules bases de la conviction du jury !...

Au surplus, le président d'une Cour d'Assises ne doit pas se borner à éviter l'abus que je viens de signaler ; il faut encore qu'il comprime soigneusement l'indignation qu'excitent en lui le crime et ses horribles détails. Le parricide, l'homicide prémédité, l'incendie, qui peut entraîner la mort de tant d'individus, et réduire toute une population au désespoir ; l'empoisonnement et ses préparatifs lâchement combinés dans l'ombre ; en un mot, tout ce que le crime a de plus hideux, de plus révoltant, doit se dérouler à ses yeux

sans qu'il lui échappe un mot, un mouvement qui laisse deviner les sentimens qu'il
éprouve, dans la crainte que le jury, donnant
une fausse interprétation à ces signes exté-
rieurs, ne croie voir de l'indignation contre
l'accusé, dans ce qui ne serait, de la part du
président, qu'une juste horreur pour le crime.

Le moment viendra pour lui de se justifier
du reproche d'insensibilité qu'on lui adres-
serait en secret; mais jusqu'à la déclaration
de culpabilité, les sentimens qu'il manifes-
terait pourraient être partagés par les jurés,
tandis que tous ses soins, tous ses efforts doivent tendre à les maintenir dans cette froide
impassibilité qui leur permette de discuter
dans le silence des passions, le nombre et la
gravité des preuves.

Qu'il veille essentiellement à ce que rien
ne trouble leur attention ni la décence qu'il
est chargé de maintenir pendant tout le temps
des débats. Pour y parvenir, qu'il prévienne
ou du moins qu'il arrête à l'instant ces discussions trop animées où se glissent bientôt des

personnalités offensantes entre l'accusé ou son
conseil, le ministère public ou les jurés. Une
seule observation, présentée sous des formes
douces et affables, par un président qui a su
se concilier l'estime et le respect, doit suffire
pour rétablir l'ordre : s'il en était autrement,
qu'il déploie toute la fermeté qui convient à
la place qu'il occupe; qu'il use même, au besoin, des moyens répressifs que la loi met à sa
disposition.

Tels sont les devoirs généraux du président
d'une Cour d'Assises. J'exposerai plus tard
les obligations de détail que lui impose le
code d'instruction criminelle.

Maintenant que ces principaux devoirs sont
connus, et que j'en ai démontré l'importance,
sera-t-on surpris que j'aie placé les mœurs
austères et les sentimens religieux au rang
des qualités indispensables au président des
Assises?

Celui que des études aussi sérieuses, aussi
variées, doivent retenir habituellement dans

son cabinet; celui qui vient de prononcer des arrêts sévères, et peut, le lendemain, en prononcer de plus sévères encore, se présenterait-il convenablement dans des cercles bruyans et nombreux, dans un bal, dans un spectacle?...

Le magistrat n'exerce-t-il pas une sorte de sacerdoce? Et si les vertus qui lui sont propres diffèrent de celles du ministre des autels, n'a-t-il pas besoin aussi d'être entouré des respects du peuple? Et le moyen de se les assurer n'est-il pas de fuir la dissipation et les plaisirs, incompatibles pour lui avec la considération publique?...

J'emprunterai ici une citation de M. de Jouy : « Un juge doit être irréprochable, s'il « veut être sévère, a dit le plus grand poète « tragique de l'Angleterre; et je ne vois qu'un « organe incomplet de la loi dans l'interprète « de la morale publique, s'il n'en est pas « aussi l'exemple. (1) »

(1) *La morale appliquée à la politique* , 2 vol. in-12, page 118 du deuxième volume.

Il faut encore que le président ait des sentimens religieux!... L'homme ne consacre
pas tout son temps au travail, ne s'impose
pas toute espèce de privations, s'il ne compte
sur des récompenses; et quel gouvernement
peut récompenser dignement le magistrat qui
se dévoue sans réserve à des travaux aussi pénibles, qui sacrifie son repos, ses plaisirs, son
amour-propre, à l'accomplissement de ses
devoirs?... Il faut au président des Assises

Le grand Frédéric écrivait à M. Crammer, chef des
tribunaux, en Silésie :

« Un homme sans principes et sans mœurs oublie
« aisément ses devoirs, et il ne faut pas absolument
« souffrir de tels sujets dans les tribunaux ; ne balancez
« pas un moment à casser ces officiers indignes ; que
« ni famille ni quelque considération ne vous arrête à
« cet égard ; ne vous laissez pas même fléchir quand ils
« seraient doués d'une grande capacité... »

(Mirabeau , *Hist. de la Monarchie Prussienne* ,
tom. V, pag. 236.)

L'homme appelé à juger la fortune , la liberté, la vie
des autres, doit être quelque chose de plus qu'un homme.

*M. le procureur-général Persil contre M. Fouquet,
juge en première instance, à Paris.*

tel que je me le figure, tel que l'a voulu le législateur , des récompenses qu'il ne peut attendre que de Dieu et de l'éternité.

Est-ce donc trop exiger de vouloir que celui qui prononce sur la fortune, l'honneur, la liberté, la vie des hommes, croie à l'existence de Dieu qui récompense les bonnes actions et punit les mauvaises?...

Au surplus, Bonaparte, qui présidait à la rédaction du code d'instruction criminelle, a-t-il eu l'intention d'appeler des fanatiques sur les bancs de la magistrature; et ne peut-on pas dire qu'exclure les sentimens religieux des qualités nécessaires au président des Assises serait s'écarter des dispositions de l'article 371 de ce code? (1)

Le président qui vient de prononcer une peine capitale, et qui croit devoir user de la

(1) Après avoir prononcé l'arrêt, le président pourra, suivant les circonstances, exhorter l'accusé à la fermeté, à la résignation.... Art. 371, paragraphe premier.

faculté qui lui est accordée par cet article ,
ira-t-il puiser ses exhortations dans les doctrines d'une froide philosophie?...

Le condamné n'a plus rien à attendre des
hommes. Que le président le presse de reporter toutes ses pensées vers ce juge miséri-
cordieux dont la justice n'est redoutable qu'à
ceux qui négligent de recourir à sa clémence,
et ne se refuse pas à lui-même la consolation
d'avoir tâché d'adoucir puissamment, en s'ac-
quittant de ce devoir , les derniers momens
de ce malheureux.

Si la courte exhortation qu'il lui adresse (un
discours serait ici fort déplacé) excite le repentir, et qu'au lieu de mourir dans le désespoir,
en proférant des blasphêmes , cet infortuné
subisse sa peine avec résignation, sa mort ne
produira-t-elle pas dans les ames des sentimens honnêtes, des impressions durables, qui
seront peut-être autant de préservatifs contre
des crimes semblables à celui que la loi vient
de punir?

Qu'il me soit permis d'appuyer ces réflexions de l'autorité de l'écrivain déja cité,
qu'apparemment personne ne taxera de fa-
natisme :

« En Angleterre, dit M. de Jouy, (1) l'ac-
« cusé qui succombe retrouve encore la pitié
« au fond des cœurs ; *la religion accourt pour*
« *sanctifier* ses remords, et les témoignages
« de compassion qui l'accompagnent jusqu'à
« l'échafaud adoucissent l'horreur du sup-
« plice. »

Ce n'est pas seulement, en effet, aux yeux
du prêtre catholique que le condamné est un
frère à qui la porte du ciel est encore ouverte
et qu'il faut aider à y entrer ; on a vu, à
Paris, un ministre protestant accompagner un
homme à l'échafaud. La rareté de cet événe-

(1) *La morale appliquée à la politique*, page 128 du
deuxième volume.

Il est à remarquer que M. de Jouy ne se borne pas
à raconter un fait, mais qu'il parle avec éloge de l'administration de la justice criminelle en Angleterre.

ment avait attiré sur la Grève plus de curieux
que de coutume. Tous se retirèrent aussi
touchés de la charité du ministre que de la
résignation et des marques de repentir du
condamné.

Un mot du président des Assises préparerait peut-être le succès du ministre de la religion ; mais ce mot, le dira-t-il, s'il croit que
tout finit avec nous ?...

J'ai ajouté que le président d'une Cour
d'Assises doit être dans la force de l'âge.

Bonaparte s'était fait une haute idée des
fonctions des présidens de Cours criminelles.
Tout magistrat ne lui paraissait pas propre à
les remplir ; aussi, pour se donner plus de
latitude dans des choix si importans, s'é-
tait-il fait dispenser, par un des articles du
sénatus-consulte qui lui déféra le titre d'empereur (1), de les choisir exclusivement dans

____

(1) Art. 135 du sénatus-consulte organique du
18 mai 1804 (28 floréal an 12).

les cours d'appel, composées pourtant de l'élite de la magistrature.

Il avait reconnu que le magistrat le plus recommandable par l'étendue de ses connaissances et les succès les moins contestés, ne pouvait plus diriger convenablement les débats devant un jury aux approches de la vieillesse; et les journaux du temps font foi de la détermination qu'il avait prise de faire rentrer dans le sein des Cours d'appel, les présidens des Cours de justice criminelle âgés de soixante-dix ans. Les facultés de l'esprit, les organes mêmes peuvent être assez affaiblis à cet âge, pour ne plus nous permettre de saisir la vérité dans une discussion de longue durée.

Le Code d'instruction criminelle donne aux septuagénaires la faculté de se faire dispenser des fonctions de juré (1). Bonaparte

____

(1) Les conseillers d'État chargés d'une partie d'administration , . . . les septuagénaires, seront dispensés, s'ils le requièrent. Art. 383.

pensait qu'on ne pouvait pas, sans inconsé-
quence, conserver dans les fonctions de président les hommes parvenus à cet âge ; et
comme, lorsqu'il monta sur le trône, ceux qui
présidaient les Cours de justice criminelle
n'avaient été détachés que temporairement
des Cours d'Appel, rien ne s'opposait à ce
qu'il les y rappelât. Aussi cette mesure fut-
elle généralement applaudie; et je crois inutile d'insister sur l'inconvénient de nommer,
en général, à la présidence des Cours d'Assises,
des conseillers septuagénaires.

Il est, sans doute, des exceptions à cette
règle : je connais plusieurs présidens parvenus
à cet âge, qu'on peut offrir pour modèles à
des magistrats moins âgés, et je n'entends
exclure que des hommes atteints des infirmités de la vieillesse.

La magistrature offre aussi ses phénomè-
nes!.... *Henrion de Pansey*, dont les ouvra-
ges ont tous fait autorité, corrigeait, la veille
de sa mort, les épreuves d'une nouvelle édi-
tion, et conserva jusqu'à plus de quatre-vingt-

six ans la fraîcheur des idées et l'aimable gaîté qui le faisaient rechercher par les jeunes gens eux-mêmes dont il aimait à encourager les efforts.

Le président Lepoitevin, parvenu au même âge, continue d'être la lumière de la Cour royale, par l'application prompte et toujours juste des principes de droit et des connaissances profondes et variées qu'il doit à plus de soixante années d'étude.

Ces respectables vieillards auraient assurément présidé les Assises avec distinction, après leur soixante-dixième année. Peut-on en conclure qu'il soit convenable de confier à tout septuagénaire des fonctions aussi pénibles?...

N'y aurait-il pas, d'un autre côté, de graves inconvéniens à les confier à un jeune homme?...

Dans les départemens où siége la Cour royale, les Assises sont tenues par cinq, (aujourd'hui trois) de ses membres dont l'un est président (1); et comme chacun fait, à son tour, le service d'assesseur, le président est souvent assisté par des vieillards.

Dans les autres départemens, la Cour d'Assises est composée d'un membre de la Cour royale qui est président, et de deux juges (2) pris parmi les présidens et les juges les plus anciens du tribunal de première instance.

(1) Art. 252.

(2) Art. 253.

Cette réduction dans le nombre des juges de la Cour d'Assises a été combattue par plusieurs jurisconsultes, membres de la Chambre des députés. . . . Avaient-ils tort? . . . Elle ne me paraît pas non plus sans inconvénient; le moindre, peut-être, c'est d'avoir rendu l'aspect de la Cour d'Assises fort peu imposant; mais, d'ailleurs, combien il semble étrange que trois juges qui, au civil, ne prononceraient en dernier ressort que jusqu'à concurrence d'une modique somme de 1,000 fr., puissent, dès que vous les appelez à connaître des matières criminelles, prononcer souverainement, non-seulement sur des dommages-intérêts qui peuvent s'élever à des sommes énormes, mais encore sur des questions

Cette composition des Cours d'Assises paraît indiquer déja l'inconvenance de les faire

incidentes dont la décision sera de nature à affecter la
liberté, l'honneur, la vie même des citoyens...

C'est ainsi que, dans une affaire de meurtre, une discussion pourra s'élever entre le ministère public qui
requerra que la circonstance aggravante de la préméditation soit soumise aux jurés, comme étant résultée
des débats, et l'accusé qui s'y opposera : controverse
bien grave assurément, puisque si les conclusions du
ministère public sont adoptées, la tête de l'accusé est
compromise ; et ce sont trois juges qui prononceront ,
et l'arrêt passera peut-être à la majorité de deux voix
contre une ! . . .

Croirait-on qu'avant la dernière loi modificative du
Code pénal, laquelle a fait du moins disparaître cette
sorte de monstruosité, c'était à ces trois juges que,
depuis la réduction, la loi s'en remettait, et non au
jury, pour décider, dans le cas d'infanticide, s'il existait ou non des circonstances atténuantes, et si, par
suite, la mère coupable devait périr sur l'échafaud ou
n'être condamnée qu'aux travaux forcés à perpétuité?...
Cette dernière peine est affreuse, sans doute, mais, entre
la mort et toute autre peine, a dit avec raison un jurisconsulte, il existe une distance incommensurable.

présider par un jeune homme. On s'habituerait difficilement, en effet, à le voir occuper la première place parmi des vieillards recommandés à la considération publique par de longs et honorables services. Les jurés âgés au moins de trente ans accomplis (1), mais pouvant être appelés jusqu'à plus de soixante-dix ans, puisqu'à cet âge ils ne sont dispensés que sur leur demande (2), seraient-ils disposés à se voir diriger par un président à peine sorti des bancs de l'école, et recevraient-ils volontiers ses remontrances, s'il y avait lieu de leur en faire?...

La jeunesse est, sans doute, l'âge de l'énergie, mais est-elle toujours celui de la dignité?...

Reportez-vous à la série des devoirs géné-

(1) Nul ne peut remplir les fonctions de juré, s'il n'a trente ans accomplis . . . . à peine de nullité . . . . Art. 381.

(2) Art. 383 précité.

raux du président des Assises, et dites si, à moins d'une exception bien rare, il serait raisonnable de les confier à un jeune homme!...

Et ne voyez pas ici cette manie du vieillard, peinte en si peu de mots et avec tant de vérité par un poète philosophe; c'est, au contraire, par suite de l'attachement que je porte à la jeunesse que je l'invite à contracter l'heureuse habitude de maîtriser ses passions, avant de se hasarder à présider une Cour d'Assises. Trop de confiance lui préparerait des échecs... Tel magistrat se serait distingué dans ces honorables et difficiles fonctions, en travaillant plus long-temps à acquérir les qualités qu'elles exigent, qui a perdu toute considération pour les avoir prématurément sollicitées ou acceptées.

J'ai dit que l'extérieur d'un président d'Assises ne devait pas repousser les égards de la multitude, et ce point ne me paraît susceptible d'aucun développement. Il est évident qu'un homme contrefait, un bègue exciterait la risée ; qu'un myope ne saisirait pas ces mouvemens involontaires qui trahissent l'accusé, le témoin lui-même, et qu'il est si important de relever et de faire remarquer au jury. Il est évident enfin que plus le président doit faire d'efforts pour conserver ce calme profond qui ne permette jamais de lui soupçonner aucune passion, plus il a besoin d'un organe net et sonore, afin que, sans qu'il soit obligé de trop élever la voix, chacune de ses observations soit saisie facilement par l'accusé, les témoins et les jurés.

Il me reste à suivre le président d'une
Cour d'Assises dans chacune des opérations
que lui prescrit le code d'instruction criminelle. Cette partie complètera l'exposé de
ses devoirs ; elle en fera ressortir davantage
l'importance et la multiplicité.

Mais, avant d'entrer dans aucun de ces détails, il m'a paru convenable d'examiner quelle
conduite les présidens doivent tenir envers
les jurés, d'où résultera nécessairement la réciprocité des devoirs des jurés envers les présidens. Sans cette harmonie, la plus belle de
nos institutions serait dénaturée, et ne présenterait que de funestes abus, qui feraient

regretter peut-être les anciennes formes judiciaires, contre lesquelles la raison et l'humanité ont fait entendre de si justes réclamations.

Les jurés font partie de la Cour d'Assises; ils
ont droit aux égards que les fonctions de
juges appellent sur les magistrats, et dont
ils n'ont pas cessé de jouir en France, même
dans les temps de désordre et d'anarchie.

De simples réflexions suffisent pour prouver que les jurés ont un droit égal à la considération et au respect du peuple.

Les déclarations du jury ne sont-elles pas
la règle nécessaire des arrêts de la justice?...

N'est-ce pas aux méditations du jury que
la société confie ses intérêts les plus chers,
les plus sacrés?... L'anarchie et toutes ses
horreurs ne seraient-elles pas la suite inévitable de l'impunité du crime; et, d'un autre
côté, la patrie ne serait-elle pas profondément
affligée si le glaive de la loi frappait jamais
la tête d'un innocent?...

Des hommes investis de pouvoirs aussi re-
doutables, honorés d'une confiance qui leur
assigne le premier rang parmi les fonctionnaires de l'État, peuvent-ils être trop relevés
dans l'opinion publique?...

D'où vient donc, qu'en France, on attache
si peu de considération aux fonctions du
jury?... D'où vient que les jurés eux-mêmes
ne regardent des fonctions d'un ordre aussi
élevé que comme l'une de ces charges publiques auxquelles on se croit permis de se soustraire par toute espèce de subterfuges?...

Je le dis avec une intime conviction : ce
renversement d'idées, cet abus déplorable ne
peuvent être imputés qu'à la légèreté ou à
l'inexpérience de la plupart des présidens
d'Assises.

En est-il, en effet, beaucoup parmi eux qui
aient réfléchi une seule fois sur l'importance
d'habituer le public à respecter le jury?...
qui se soient occupés des moyens de relever
les jurés à leurs propres yeux?... Leur fait-

on sentir la dignité de leurs fonctions? Leur parle-t-on de l'honneur que leur fait la loi en choisissant leur conscience pour arbitre de la justice? . . .

C'est le plus ordinairement avec morgue et pédanterie, c'est du moins sans trop déguiser un dédain insultant que le président incapable adresse la parole aux jurés. Toujours occupé de conserver une autorité, une supériorité de position que personne ne lui conteste, et qu'un homme habile chercherait à dissimuler, c'est communément un maître qui donne des leçons à ses élèves, ou qui les réprimande avec aigreur (1).

(1) Si je m'occupais ici des devoirs du ministère public, si je voulais dire un mot de certaines sorties inconvenantes qui ne trouveraient point d'excuse, même dans l'extrême jeunesse de ceux qui se les permettraient, je dirais à ces jeunes magistrats :

Renoncez à soutenir jamais une accusation devant des jurés, si, méconnaissant l'intention du législateur, et franchissant les bornes du respect qui vous est personnellement recommandé pour l'institution du jury,

Et l'on veut que les jurés, d'autant plus froissés dans leur amour-propre qu'ils auraient davantage la conscience de leur dignité, ne sortent jamais des bornes du respect envers celui que la loi charge de les diriger, mais qu'elle n'autorise nullement à leur commander; on veut que des hommes à qui la Patrie ne demande que le sacrifice momentané de leurs intérêts propres et des jouissances du père de famille, se soumettent volontiers à tant d'humiliations!... On veut qu'ils soient assez maîtres d'eux-mêmes pour étouffer le soulèvement de l'orgueil offensé, et suivre avec une attention vraiment reli-

vous vous permettez une seule fois de l'attaquer jusque dans ses bases, en reprochant trop d'indulgence à des jurés. Cet oubli de toute convenance vous enlèverait leur confiance pour toujours. Ils ne verraient plus que violence et passion dans ces efforts même qui ne seraient chez vous qu'amour de vos devoirs et désir d'obtenir justice. Le souvenir de vos écarts se perpétuerait de trimestre en trimestre ; vos veilles, votre zèle, vos talens deviendraient inutiles à la société qui vous a confié ses plus chers intérêts! . . .

gieuse un débat dont les détails affligent leur sensibilité, excitent dans leurs ames une in-dignation que la loi leur ordonne de com-primer! . . . Tant de sacrifices seraient au-dessus des forces humaines.

Est-il donc difficile de faire respecter les jurés, de donner au public une idée plus juste de toute la dignité de leurs fonctions, et de les relever ainsi à leurs propres yeux? . . .

J'ai besoin d'entrer ici dans certains détails qui pourront exciter le rire et la pitié des hommes irréfléchis, mais dont l'importance n'échappera point aux hommes sensés.

Dans plusieurs départemens, et notamment à Paris, le tirage au sort, pour la formation du tableau du jury de jugement, se fait dans la chambre du conseil, et les jurés occupent leurs places dans la salle d'audience, avant que les juges montent sur le siège. Au mo-ment où ceux-ci paraissent, un huissier dit à haute voix : *La Cour!* . . . Le public se lève, reste découvert, et les jurés eux-mêmes don-

nent aux magistrats cette marque de déférence qui suffit peut-être pour écarter l'idée
que le jury fait réellement partie de la Cour
d'Assises.

Ne serait-il pas plus convenable que les
douze jurés entrassent dans la salle d'audience
immédiatement après les juges, pour que le
public, qui resterait debout jusqu'à ce qu'ils
fussent en place., s'habituât à les confon-
dre dans les égards qu'il doit aux magistrats (1)?...

Le président, soit qu'il s'adresse à l'accusé,
au défenseur, ou à l'un des témoins, parlera
toujours du jury dans ce langage mesuré qui
commande la considération.

(1) Je sais que le mode actuel, qu'il n'a pas été en
mon pouvoir de changer, et que je modifiais en rendant
au jury déférence pour déférence, a pour prétexte la
nécessité de placer les jurés dans l'ordre du tirage au
sort; mais ce placement ne pourrait-il pas se faire dans
la chambre du conseil?...

Si l'un des jurés, peu exercé à s'exprimer en public, se hasarde à demander une explication, et ne rend pas sa pensée avec assez de clarté, ou la présente en termes mal choisis, que le président s'empare de la question, et la rende d'une manière convenable; les jurés seront flattés de ce ménagement pour l'amour-propre d'un collègue, et les hommes éclairés verront dans cette attention l'accomplissement d'un soin qu'on néglige trop d'ordinaire.

Que dans tout le cours de la session, les jurés voient le président traiter chacun d'eux, quel que soit son rang et sa fortune, avec plus d'égards qu'il ne le ferait dans les rapports ordinaires ou de société; en un mot, que le président ne perde pas de vue que les jurés en fonction sont de véritables magistrats; qu'il apporte autant de soin à les faire respecter, qu'il en met à s'effacer lui-même, pour les relever davantage : bientôt le public respectera les jurés, et chacun d'eux s'efforcera de se rendre digne de la considération dont le président cherche à l'environner.

Toutes ces déférences n'empêcheraient pas, sans doute, le président de rappeler les jurés à leurs devoirs, s'ils s'en écartaient : la loi lui en impose l'obligation (1); mais ce sera toujours avec la convenance et les ménagemens que méritent des magistrats qui concourent avec lui à la recherche de la vérité, à l'administration de la justice.

La plus parfaite harmonie règnera nécessairement entre le président et les jurés; les égards de l'un seront payés au centuple par le respect des autres; le besoin d'obtenir l'estime d'un magistrat qui, fidèle à tous ses devoirs, sait allier les manières affables avec la dignité dont il ne doit jamais se départir, doublera, dans chaque membre du jury, le

(1) Il (le président) sera chargé personnellement de diriger les jurés dans l'exercice de leurs fonctions, de leur exposer l'affaire sur laquelle ils auront à délibérer, même de leur rappeler leurs devoirs, de présider à toute l'instruction, et de déterminer l'ordre entre ceux qui demanderont à parler . . . Il aura la police de l'audience, art. 267.

désir de découvrir la vérité qu'il sait être l'u-
nique objet de tous ses efforts.

J'arrive au détail des opérations prescrites
au président, et je continuerai de tracer consciencieusement la seule ligne qui puisse, à
mon sens, remplir les vues du législateur.

Le président doit interroger l'accusé aussitôt qu'il arrive dans la maison de justice (1).

Établissons d'abord quelques principes sur
la conduite à tenir, par le président d'une
Cour d'Assises, dans les interrogatoires d'un
accusé.

On a reconnu, par les observations précé-
dentes, combien il importe que le président,
pendant tout le cours des débats, se constitue
le protecteur de l'accusé ; que, loin de l'ef-

(1) Le président est chargé d'entendre l'accusé lors
de son arivée dans la maison de justice . . . Il pourra
déléguer ces fonctions à l'un des juges . . . art. 266.

frayer par un front toujours rigide , il le rassure par un langage paternel , et jusque par l'accent de sa voix. Mais cette bonté, cette douceur , inaltérables en présence du public, seraient-elles autre chose que de l'hypocrisie, si, dès les premiers rapports entre l'accusé et le président, celui-ci, abusant de l'autorité dont il est revêtu , avait inspiré de la terreur à ce malheureux, déchiré de remords, et n'apercevant plus que l'échafaud, s'il est coupable ; livré aux plus cruelles angoisses, à la plus légitime fureur, à moins d'une résignation que la religion seule peut donner, s'il est innocent? . . .

Abordez cet infortuné avec la détermination d'écarter ses préventions , l'obstacle le plus invincible à la découverte de la vérité. Tout accusé regarde comme un ennemi le magistrat chargé de le juger : de là cette foule de subterfuges, de mensonges absurdes et par conséquent dangereux, sur les circonstances les plus indifférentes. . . .

Plus cette injuste prévention sera forte, plus

l'accusé sera surpris d'abord, et bientôt touché de la commisération du magistrat qu'il s'attendait à trouver sévère et peut-être d'une inflexible dureté. Cet accusé, d'ailleurs, est-il donc déclaré coupable?… Alors même vous le plaindriez, j'en suis sûr, ou je vous plaindrais du fond du cœur!… Jusqu'à cet instant fatal, jouissez, ah! jouissez dans toute sa plénitude du pouvoir d'adoucir sa déplorable position!… Est-ce donc la crainte que vous devez lui inspirer?… Indiquez-moi, je vous prie, une seule circonstance où le président d'une Cour d'Assises ait besoin de se faire craindre!… N'est-ce pas la confiance qu'il s'agit d'établir ici, puisque c'est la vérité que vous cherchez?

Vous ne croyez pas, sans doute, que j'aie l'intention de vous insinuer de descendre envers l'accusé jusqu'à de la familiarité!… Jamais vous ne devez compromettre votre dignité ; mais ne faudrait-il pas renoncer à trouver, en France, un seul président d'Assises, si la dignité était incompatible avec la bonté?…

Que dans vos interrogatoires je vous voie multiplier les questions pour fournir plus d'issues à la vérité, j'applaudis à vos efforts... Si vous cherchiez à arracher des aveux par des détours, des artifices, des moyens que répudierait la loyauté, je n'ose pas vous dire quel sentiment m'inspirerait cet oubli de vos devoirs, en me rappelant ces juges d'épouvantable mémoire devant qui l'innocence éprouvait le même effroi que le crime!....

C'est particulièrement dans ce premier interrogatoire qu'il convient, en quelque sorte, de s'identifier avec l'accusé, et de se bien pénétrer de l'impression qu'ont dû faire sur son imagination déja si vivement affectée, sur ses sens, affaiblis par tant de privations et de souffrances, son entrée dans la maison de justice et l'approche du moment terrible où les jurés vont décider s'il portera sa tête sur l'échafaud, ou du moins s'il sera voué pour toujours à l'infamie. Le président s'assurera donc, avant tout, si l'accusé n'est pas trop intimidé, trop ému; s'il jouit, en un mot, de toutes ses facultés : *compos suí*.

(9³)

Les aveux ou les dénégations consignés dans
le procès-verbal du greffier, vont peut-être
fixer irrévocablement le sort du procès.

Ces dernières observations n'ont, sans doute,
nul besoin d'être justifiées par des faits : je ne
puis toutefois me dispenser d'en citer un dont
je garantis la vérité, et qui pourrait, au besoin, être attesté par l'accusé lui-même.

Un homme avait très involontairement
commis un homicide : mis en accusation, il
arrive dans la maison de justice, à la fin du
jour; le lendemain matin le président se
transporte à la prison, et commence l'interrogatoire.

Dès les premières réponses, l'accusé, pâle,
défait et paraissant éprouver de grandes souffrances, fond en larmes, et raconte les faits
dont il se reconnaît coupable, de manière à
constituer l'assassinat le mieux caractérisé.
Le président attribuant ce récit, démenti par
la procédure, à l'affaiblissement des organes,
demande à l'accusé s'il est encore à jeun.

« Ah ! M. le président, je n'ai même pas
« mangé hier soir ; on m'a chambré avec des
« chauffeurs qui racontent en riant les plus
« horribles assassinats. Je n'ai pas l'habitude
« de me trouver avec de pareilles gens. . . .
« J'ai pleuré pendant toute la nuit, je serais
« trop heureux de mourir avant d'être mis
« en jugement. »

Le président encourage ce malheureux,
donne des ordres pour qu'on lui serve un
déjeûner suffisant, et ne revient l'interroger
qu'une heure après. Alors on jette au feu tout
ce que le greffier avait écrit, et les réponses de
l'accusé sont, cette fois, conformes à la vérité.

Ce n'est pas pour louer le président que
je raconte cette anecdote : il n'a fait que son
devoir ; mais pour établir qu'avant de procéder à un interrogatoire, le juge doit s'assurer si la crainte ou le chagrin n'ont pas
tellement affecté le moral de l'accusé, qu'il
serait dangereux pour lui de subir à fond
cette obligation. Dans ce cas , il faut se con-

tenter de remplir les premières formalités, sauf à descendre , plus tard , dans les détails. La loi prescrit au président de se mettre en rapport avec l'accusé, aussitôt que cette communication est possible, c'est-à-dire aussitôt l'entrée de celui-ci dans la maison de justice. Jusque là le juge d'instruction ou l'un des conseillers, membre de la chambre d'accusation, qui aurait été chargé de compléter l'information, sont les seuls qui aient pu communiquer avec lui , et ces magistrats qui sont exclus de la présidence des Assises , ne peuvent pas même , sous peine de nullité, assister le président (1) ; et les motifs de cette disposition de la loi sont faciles à saisir : Si le juge d'instruction , ou tout autre magistrat ayant reçu des déclaration de témoins, pouvait, dans la même affaire, entrer dans la composition de la Cour d'Assises, la crainte de poursuite en faux témoignage empêcherait peut-être les témoins de faire la plus légère modification à leurs premières déclarations; ce serait, en quelque

______

(1) Articles 235, 236, 257.

sorte, leur enlever, comme je l'ai dit ailleurs, la faculté de rétracter ce que l'erreur ou la passion leur aurait d'abord fait dire de contraire à la vérité; ce serait, du moins, mettre quelque entrave à l'usage de cette faculté; ce serait enfin priver l'accusé de l'un de ses plus puissans moyens de salut. Ce motif ne me permet pas de partager l'opinion de ceux qui admettraient le juge d'instruction dans la composition de la Cour d'Assises. C'était là un des nombreux abus des Cours spéciales, composées de trois juges criminels et de trois juges civils; le président de ces cours avait, dans plusieurs affaires, été chargé de la première instruction.

Quant à l'exclusion des conseillers de la chambre d'accusation, elle a lieu, comme le dit l'article 257, parce qu'ils ont déja émis une opinion dans l'affaire.

Le président de la Cour d'Assises ne peut donc avoir eu, comme magistrat, aucune communication avec l'accusé avant son écrou dans la maison de justice, et la loi met une

telle importance à ce que cette communication s'établisse aussitôt qu'elle est possible,
qu'indépendamment de l'article 266, déja
cité, un autre article statue que l'accusé sera
interrogé dans les vingt-quatre heures par
le président ou par le juge qu'il aura délégué (1). Il était indispensable de prévoir le
cas de maladie ou de tout autre empêchement *légitime*. (On ne pouvait pas supposer
que le conseiller, nommé président, fût assez
léger pour employer à ses affaires ou à ses
plaisirs, l'intervalle entre sa nomination et
l'ouverture de la session des Assises.)

Si je recherche pourquoi le législateur
insiste autant sur la nécessité de faire paraître
promptement l'accusé devant le président
des Assises, j'en trouve deux sortes de motifs :
l'intérêt de l'accusé, celui de la bonne administration de la justice.

(1) Vingt-quatre heures au plus tard après la remise
au greffe des pièces de la procédure, et l'arrivée de
l'accusé dans la maison de justice, celui-ci sera interrogé par le président ou par le juge qu'il aura délégué . . . art 293.

Le président doit terminer l'interrogatoire par la désignation d'un défenseur, si l'accusé n'en a pas choisi. . . . (1)

C'est seulement après cet interrogatoire que l'accusé peut communiquer avec le conseil ; la loi devait donc imposer au président l'obligation d'y procéder sans délai (2). Le droit de défense ne serait-il pas illusoire, si le président pouvait arbitrairement priver l'accusé des avantages que la loi, dans sa prévoyance, a voulu lui assurer. A quoi bon autoriser l'avocat à prendre communication des pièces de la procédure, si ce n'est pour faciliter à l'accusé l'usage de ses divers avantages? . . .

(1) L'accusé sera interpellé de déclarer le choix qu'il aura fait d'un conseil pour l'aider dans sa défense, sinon le juge lui en désignera un sur-le-champ, à peine de nullité de tout ce qui suivra, art. 294.

(2) Le conseil pourra communiquer avec l'accusé après son interrogatoire ; il pourra aussi prendre communication de toutes les pièces . . . art. 302.

A quoi bon le droit de se pourvoir contre
l'arrêt de mise en accusation, si un homme
éclairé n'indique pas à l'accusé les nullités
que peut contenir cet arrêt . . . (1)? S'il en
contient et que le président ait retardé, par
négligence, l'interrogatoire, ne doit-il pas
s'imputer l'injuste prolongation de la détention de l'accusé?

L'accusé pourra-t-il demander le renvoi
de l'affaire à une autre session (2)? ou, en cas

(1) Le juge avertira de plus l'accusé que, dans le cas
où il se croirait fondé à former une demande en nullité, il doit faire sa déclaration dans les cinq jours suivans, art. 296... Cette demande ne peut être formée que
dans les trois cas suivans : 1º Si le fait n'est pas déclaré
crime par la loi. 2º Si le ministère public n'a pas été entendu. 3º Si l'arrêt n'a pas été rendu par le nombre de
juges déterminé par la loi, art. 299.

(2) Si le procureur-général ou l'accusé ont des motifs
pour demander que l'affaire ne soit point portée à la
première assemblée du jury, ils présenteront au président de la Cour d'Assises une requête en prolongation
de délai . . . art. 306.

d'indigence, que le ministère public fasse assigner, à la requête des témoins à décharge (1), si, par des communications promptes avec son conseil, il n'a pas été averti à temps de l'intérêt qu'il avait à faire ces diverses demandes? . . .

Mais ce n'est pas seulement dans l'intérêt de l'accusé que l'interrogatoire doit suivre de près son entrée dans la maison de justice. Si l'équité, l'humanité lui garantissent tous les avantages que le législateur lui accorde, l'honneur, la conscience font un devoir au président d'assurer à la société la punition du crime, et le délai trop prolongé de l'interrogatoire de l'accusé pourrait devenir un moyen d'impunité.

(1) Après l'audition des témoins produits par le procureur-général et par la partie civile, l'accusé fera entendre ceux dont il aura notifié la liste. . . . à ses frais. . . . *Sauf au procureur-général à faire citer à sa requête les témoins qui lui seront désignés par l'accusé,* dans le cas où il jugerait que leur déclaration peut être utile pour la découverte de la vérité. . . . art. 321.

Les prisons , particulièrement dans les grandes villes, réunissent habituellement de hardis scélérats, que leurs fréquens rapports avec la justice ont rendu fort habiles à déjouer ses investigations; que ses arrêts les plus sévères n'épouvantent plus, et qui comptent pour rien la honte et l'infamie, parvenus qu'ils sont à étouffer tout sentiment d'honneur, et jusqu'au repentir et aux remords qui laisseraient l'espoir de quelque retour à une vie meilleure. Constamment en guerre avec la société qu'ils désolent par leur brigandages, ces misérables se sont créé un langage à l'aide duquel ils se reconnaissent entre eux, et peuvent, avec sécurité, même dans les lieux publics, concerter les plus épouvantables complots. Dans ce langage barbare parle-t-on d'assassinats ou d'incendie, des galères ou de l'échafaud?... Les expressions qu'on emploie présentent quelques-unes de ces idées bouffones et grotesques propres à exciter les risées du peuple; et ce rafinement perfide a le double avantage de familiariser les adeptes avec le crime et l'échafaud, et de tromper la vigilance de la police.

Les horreurs et l'ennui de la prison, l'approche d'un jugement moins favorable peut-être qu'on essaie de se le persuader, ne diminuent rien des dispositions de ces scélérats à faire des dupes, et à se procurer ainsi les moyens d'achever de s'étourdir dans des orgies favorisées toujours par la cupidité du concierge (1).

On aborde tout nouveau venu avec l'intérêt apparent qu'inspire un compagnon d'infortune, tandis qu'en réalité ces protecteurs empressés voient déja dans cet inconnu soit un associé de brigandage, s'il doit être acquitté, et si l'on sort victorieux de la lutte qu'on va soi-même avoir à soutenir, soit du moins une *poule* (2) à qui les gardiens n'ont

(1) Il n'entre jamais ni vin ni liqueur dans la maison pénitentiaire de Genève, si digne d'être offerte pour modèle.

Combien on préviendrait de crimes et de turpitudes en introduisant ce règlement dans nos prisons ! . . .

(2) Terme d'*Argot,* nom que les brigands donnent à leur jargon.

pas arraché la dernière *plume*, et dont il faut épuiser les dernières ressources dans une partie de débauche.

Deux ou trois des plus effrontés s'emparent du nouvel arrivé, lui font raconter la *chicane* du procureur du roi, la *noirceur* des dénonciateurs ou des témoins; on traite de pécadilles les plus graves méfaits, de terreurs puériles les inquiétudes les mieux fondées; vingt fois on a triomphé de difficultés autrement sérieuses; et bien vite on raconte les acquittemens nombreux obtenus depuis peu, contre des charges accablantes.

Celui que son babil et sa jactance ont fait surnommer l'avocat (il s'en trouve un dans chaque prison), ne paraît pas aussi confiant; il ne désespère pas du succès, mais l'affaire a ses difficultés. . . . on y pensera. . . . Et le drôle de s'éloigner, laissant à des compères le soin de vanter les ressources de son esprit, et de raconter combien d'accusés il a su tirer d'embarras. . . . On dit un mot de son penchant pour le vin. . . . C'est à table qu'il faut

l'entendre écarter les preuves les plus accablantes, opposer aux témoignages les plus
précis des reproches très graves contre les
témoins, et atténuer ainsi leurs dépositions.

Comment un homme de la campagne
échapperait-il a tant d'astuces et de per-
fidie? . . . Comment n'embrasserait-il pas la
lueur d'espérance, qui, depuis son arrestation,
germe pour la première fois dans son ame flé-
trie par le remords, abattue par la frayeur?...
Il sacrifie le peu d'argent qui lui reste, regret-
tant de ne pouvoir mieux reconnaître un intérêt aussi touchant, mieux stimuler le zèle
et le talent du défenseur habile que le ciel
lui ménageait dans sa bonté.

Une orgie est préparée, et, quand on quitte
la table, si l'amphitryon n'est pas entièrement
persuadé qu'il est innocent, il ne doute pas
du moins de son acquittement. On a dressé la
liste des témoins à décharge qui viendront se
parjurer en établissant un alibi . . . Chaque
témoignage important est repoussé par des
reproches mensongers. . . . On figure une

séance de la Cour d'Assises, et l'on parvient à inspirer de l'audace à l'accusé le plus timide, le plus abattu.

Le président qui différerait l'interrogatoire, ou se bornerait à satisfaire à la loi par quelques formalités, dans le délai prescrit, serait tout surpris de trouver, plus tard, l'accusé en opposition avec les faits les plus précis, les aveux les plus formels, consignés dans la procédure écrite.

Le défenseur lui-même, frappé de la vraisemblance du récit de son client, de l'enchaînement des circonstances qui donnent au roman imaginé dans la prison les apparences d'une histoire véritable, trouvant commode, peut-être, de s'en fier à l'exposé de l'accusé, au lieu de compulser l'information, plaidera de très bonne foi les faits les plus mensongers.

Si, d'un autre côté, les témoins à décharge s'acquittent avec adresse des rôles qu'on leur a distribués, le jury ne peut-il pas être amené à douter au moins de la culpabilité, et forcé, par là même, de faire rendre la liberté au misérable d'autant plus dangereux que ses communications avec de grands scélérats auront achevé de le pervertir, et que l'impunité sur laquelle il n'avait pas compté d'abord, l'aura prémuni pour jamais contre la crainte salutaire des poursuites de la justice.

Ces graves inconvéniens, trop fréquens pour être réputés imaginaires, ne se présenteraient plus si le président procédait, dans le délai de la loi, ou du moins le plus promptement possible, à un interrogatoire sérieux et détaillé sur les faits les plus graves du procès.

De quel front, en effet, l'accusé entreprendrait-il de démentir aux débats, un aveu constaté par les premiers élémens de la procédure, et fortifié par celui qu'il aurait répété au président lui-même? . . . L'œil le moins exercé n'apercevrait-il pas dans cette contradiction le fruit des conseils reçus dans la prison? . . . Serait-il difficile au ministère public de détruire un système évidemment imaginé en désespoir de cause, et par là même plus nuisible qu'utile à l'accusé? . . . .

A la suite de l'interrogatoire, le président doit désigner d'office un conseil à l'accusé, s'il n'en a pas choisi, et l'omission de cette formalité entraînerait la nullité de tout ce qui suivra (1).

Il est fort rare qu'une procédure soit annulée pour omission de cette formalité; mais si les présidens d'Assises exécutent en ce point la lettre de la loi, en suivent-ils toujours l'esprit? N'est-ce pas, le plus souvent, avec une grande légèreté qu'ils désignent à l'accusé l'avocat à qui vont être confiés des intérêts aussi sacrés? . . .

Sans rechercher ici pourquoi les avocats les plus distingués sont rarement désignés d'office aux accusés, je me bornerai à faire remarquer que les défenseurs sont le plus

(1) Art. 294.

ordinairement choisis parmi les avocats stagiaires, et presque toujours à leur sollicitation.

L'accusé peut compter sur le zèle d'un
aussi jeune défenseur ; il peut compter aussi
sur son désintéressement : il recevra souvent
des secours pécuniaires de celui dont il s'attendait à payer le travail et les soins.

Mais les jurés auront-ils une confiance entière en un aussi jeune avocat? . . . Celui-ci,
cédant au désir de marquer ses premiers pas
dans la carrière par des triomphes, sera-t-il
assez difficile sur le choix des moyens de défense? . . . Et s'il prend une fausse route, si
l'imagination, qu'un jeune homme ne maî-
trise pas toujours facilement, l'égare au point
que le ministère public le surprenne plaidant
des faits démentis par la procédure ; si, d'un
autre côté, son inexpérience lui fait négliger
un moyen victorieux, les intérêts de l'accusé
ne sont-ils pas gravement compromis? . . .

Il convient sans doute qu'un jeune avocat
s'exerce à parler en public pour vaincre la

timidité qui sied si bien à son âge ; elle pourrait nuire au développement du talent dont
elle est, au reste, un indice assez certain. Il est
bon que le président d'une Cour d'Assises
fournisse au jeune avocat des occasions d'obtenir quelques succès ; ce sera le moyen le
plus puissant de stimuler son zèle, d'augmenter son amour pour l'étude et de l'attacher davantage à une profession noble, sans
doute, mais honorable seulement pour ceux
qui joignent au savoir les sentimens et les
vertus sans lesquels nul ne peut, au barreau,
prétendre à la considération.

Le président n'hésitera donc pas à choisir
quelquefois le conseil des accusés parmi les
avocats stagiaires ; et, s'il le fait avec discer-
nement, si chacune de ses désignations est la
récompense des nombreux sacrifices que
s'impose un jeune homme pour résister à
tous les moyens de séduction, le jeune barreau briguera l'honneur de fixer son choix ;
et ceux qui l'auront obtenu s'efforceront de le
justifier par leur délicatesse dans le choix des
moyens, par la décence de leurs plaidoiries,

et par cette aimable modestie qui attire sur le débutant l'intérêt de l'auditoire sans nuire jamais au client.

Que dans les villes où se trouvent les avocats stagiaires en assez grand nombre, un président d'Assises, connu pour ne pas prendre au hasard les conseils des accusés, rende l'accès de son cabinet facile à ceux qui désirent s'essayer au barreau : il saura bientôt où placer sa confiance; il aura bientôt aussi gagné la confiance de ces jeunes solliciteurs. Il fera comprendre à ceux dont la raison ne lui paraîtrait pas assez formée, le talent assez développé pour plaider devant une Cour d'Assises, que c'est dans de petites causes qu'il convient de faire ses premiers essais, et qu'il ne s'en présente point au grand criminel, où la peine la moins sévère imprime sur le front du condamné la honte et l'infamie. Le moment n'est pas venu pour vous, peut-il leur dire, de défendre un accusé; vous compromettriez ses intérêts, vous compromettriez ceux de la société; vous compromettriez tout votre avenir.

A ceux qui me reprocheraient d'ajouter au devoir du président d'une Cour d'Assises une obligation que le code n'a pas prescrite, je répondrais : Vous perdez de vue les qualités que j'exige du magistrat à qui je confierais la présidence des Assises; vous oubliez que l'amour du bien est le premier mobile de ses actions, comme la satisfaction de l'avoir fait est la seule récompense qu'il ambitionne. Un tel homme saura trouver une heure dans la semaine pour des communications qui ne sont pas, après tout, étrangères à ses fonctions, puisqu'elles ont pour objet de procurer à l'accusé de bons défenseurs, et de diriger les premiers travaux de la jeunesse du barreau, qu'il doit regarder comme la pépinière de la magistrature.

Le président des Assises n'a-t-il donc pas besoin de quelques délassemens? et pouvez-vous lui en offrir de plus satisfaisans que les communications dont je parle? . . . . . .

Les jeunes gens assez malheureux pour s'abandonner à la fougue des passions, et qui

déja donnent dans de funestes écarts, n'a-
borderont point le président dont j'ai essayé
d'esquisser le portrait. Le vice évite toujours
de se mettre en contact avec la vertu! . . .

Ceux qui ne sont attirés chez lui que par
sa réputation d'homme de bien et le désir de
se former à une aussi bonne école, ne tardent
pas à manifester des principes, à dévoiler des
qualités qui donnent au président les plus
flatteuses espérances, le paient déja de ses
soins pour des jeunes gens si dignes de tout
son intérêt! . . . . La conscience ne lui laisse
pas ignorer le succès qu'il obtient dans ses
fonctions; hélas! . . . l'amour-propre les lui
grossit peut-être! . . . . Il s'y attache donc,
quelque pénibles qu'elles soient : dès ses premières communications avec de tels jeunes
gens, ce n'est plus à des avocats stagiaires
qu'il va donner des conseils, c'est à des suc-
cesseurs qui perpétueront ses doctrines! . . .
Cette idée consolante leur gagne toute son
affection; elle lui fait oublier, pour quelques
instants du moins, et les crimes qui l'affligent
habituellement, et les actes d'accusation, et

les arrêts de condamnation et ses propres fatigues . . . Il est heureux !

A l'ouverture de chaque session, aussitôt après que la Cour d'Assises a prononcé sur les absences et les excuses des jurés, et qu'il a été procédé aux remplacemens, avant qu'aucun accusé ait été amené à la barre, un président attentif, présumant que plusieurs jurés sont appelés pour la première fois à prononcer sur une accusation, ne manque pas de leur adresser une allocution dont je crois devoir indiquer la matière :

« C'est aux débats seulement que votre
« conviction peut se former : faites donc abs-
« traction de tous les bruits répandus par
« la rumeur publique ; tenez-vous en garde
« contre toute prévention excitée dans vos
« esprits par ces bruits plus ou moins exacts.
« Défiez-vous vous-mêmes de ces impres-
« sions qu'y produiraient la mauvaise répu-
« tation des accusés et certaines actions ré-
« préhensibles antérieures à l'accusation.
« Nous ne vous demandons pas, en effet, si

« les accusés méritent l'estime publique ;
« mais s'ils sont coupables des faits contenus
« dans l'acte d'accusation.

« La lumière ne tardera pas d'apparaître
« à vos yeux, la conviction de s'établir dans
« vos consciences, si rien de ce qui se passe
« aux débats n'échappe à votre attention; la
« circonstance la plus minutieuse en appa-
« rence peut vous conduire à la découverte
« de la vérité. Que vos regards restent fixés
« sur l'accusé pendant la lecture de l'acte
« d'accusation, les déclarations des témoins,
« les interpellations du président, les plai-
« doiries, ou de simples réflexions du mi-
« nistère public; vous saurez distinguer l'a-
« battement, la violence qui peuvent trahir
« le coupable, de la profonde tristesse ou de
« l'énergique indignation de l'homme inno-
« cent que la calomnie ou seulement l'erreur
« aurait soumis à votre examen.

« Suivez avec une attention égale chacun
« des témoins, afin de juger si sa déposition

« est exempte de toute passion, et mérite
« votre confiance (1).

« La loi me charge de vous diriger dans
« la découverte de la vérité; je le ferai, de
« manière à vous convaincre que je la cher-
« che uniquement: réunissons nos efforts de
« bonne foi; elle n'échappera point à nos
« recherches. »

Cette allocution ne doit présenter aucune
apparence de prétention; ce n'est pas un ora-
teur qui déclame ; ce n'est pas non plus un
maître qui débite des préceptes ; c'est un père
chargé d'une mission importante et difficile,
qu'il ne peut remplir seul : il concerte avec
sa famille la route à prendre pour arriver au
but.

Les formalités du tirage au sort, pour la
formation du tableau des douze jurés de ju-

(1) Ces détails expliquent suffisamment pourquoi
cette allocution doit avoir lieu hors de la présence des
accusés et des témoins.

gement, dans chaque affaire, sont tracées, par la loi , d'une manière si claire , elles sont d'une exécution si facile, que je ne m'en oc—cuperai point.

Depuis que la Cour de Cassation a fait justice des boules de loto qu'un grand nombre de Cours d'Assises substituaient au mode prescrit par la loi, pour la formation de ce tableau , je n'ai plus à m'occuper de cet objet , et je me bornerai à faire remarquer une partie des inconvéniens que présentait cette substitution.

Aux termes de la loi, le président dépose dans l'urne autant de bulletins qu'il se trouve de jurés présens , et appelle successivement le nom inscrit sur chaque bulletin sorti de l'urne. Il est absolument possible qu'une grande préoccupation fasse appeler un autre nom que celui qui est porté sur le bulletin. Cette er—reur doit être fort rare, et, si elle a lieu, il faut en gémir et se soumettre à la nécessité; mais, dans le système arbitrairement substitué à celui de la loi, les chances d'erreurs sembla-

bles n'étaient-elles pas multipliées? . . . . Ne
pouvait-il pas arriver que le président appe-
lât le numéro 9 au lieu du numéro 6? . . . . .
On sait avec quelle facilité le point qui distingue ces deux chiffres peut s'effacer par le
frottement! . . . Mais, en outre, lorsque le
président appelle un numéro, ne faut-il pas
que l'un des juges se reporte à la liste des
quarante jurés, et, qu'à son tour, il appelle
le nom inscrit sur le numéro sorti de l'urne?...
Or, ce juge est-il plus à l'abri de l'erreur que
le président? . . .

Le motif de l'innovation, proscrite par la
Cour suprême, est facile à saisir : les bulletins de papier, même de carton, se peloton-
nent dans l'urne; le mélange s'opère difficilement; on a pensé que des boules rempliraient
mieux le vœu de la loi. La Cour de Cassation,
fidèle à son mandat, a démontré dans son
arrêt le vice du mode adopté, à son insu, par
plusieurs Cours royales, et, aujourd'hui, le
tirage des jurés se fait partout de la manière
prescrite par la loi. Dans le ressort de la plupart des Cours royales, le nom de chaque

juré répondant à l'appel est enfermé dans un étui; le plus léger mouvement donné à l'urne opère le mélange le plus complet; le président tire un étui, et appelle le nom qui s'y trouve renfermé.

Il me reste à suivre le président dans les débats, et dans cette partie encore je négligerai les formalités tellement précisées par la loi, et d'une exécution si facile, que l'erreur n'est pas présumable, pour n'insister que sur les plus importantes, ou celles qu'on néglige le plus ordinairement.

L'accusé doit paraître libre, et la loi n'admet comme restriction à cette règle que les mesures propres à empêcher son évasion (1). Cette disposition de la loi, comme j'ai eu occasion de le faire remarquer, indique suffisamment toute la latitude que le législateur a voulu donner au droit sacré de la défense.

(1) L'accusé comparaîtra libre, et seulement accompagné de gardes, pour l'empêcher de s'évader. . . . . art. 310.

Toutefois, s'il y avait nécessité bien constatée de s'écarter du texte de l'article 310 , nul doute que le président, chargé de la police de l'audience , ne pût le faire , sans courir le risque d'opérer une nullité.

La vérité pourrait-elle se faire jour au milieu de scènes tumultueuses et peutêtre sanglantes ?... Le danger imminent de périr victime d'un assassinat laisserait-il au témoin la faculté de raconter fidèlement ce qu'il aurait vu ou entendu?... Les jurés eux-mêmes ne partageraient-ils pas l'épouvante du témoin? n'éprouveraient-ils pas du moins une émotion , exclusive de cette impassibilité complète , sans laquelle il n'existe plus de jury?...

Est-il impossible que des scélérats, inévitablement entraînés à l'échafaud par l'évidence et la multiplicité des preuves, calculant d'ailleurs qu'un crime de plus n'apporterait aucun changement à leur position, cèdent au désir d'assouvir leur vengeance dans le sang d'un dénonciateur ou de tel témoin

dont la déposition établit leur culpabilité?.....

Dans le cas où le président serait fondé à
craindre un tel événement, il serait autorisé
par là même à permettre, non pas qu'on
chargeât de chaînes les misérables capables
de ces criminels emportemens , mais qu'on
prît des mesures telles, qu'ils fussent réduits
à l'impossibilité de nuire.....

Le président des Assises regarde communément comme peu importante la formalité
prescrite par l'article 311 du code d'instruction criminelle (1). Cette formalité serait,
en effet, à peu près inutile, si les accusés
étaient toujours défendus par des avocats qui
sussent honorer leur profession. A quoi bon
rappeler à un homme estimable qu'il ne doit
point parler contre sa conscience et contre le

(1) Le président avertira le conseil de l'accusé qu'il
ne peut rien dire contre sa conscience ou contre le respect dû aux lois, et qu'il doit s'exprimer avec décence
et modération, art. 311.

respect dû aux lois? A quoi bon dire à un homme qui se respecte, qu'il doit parler avec décence et modération?...

Cependant la prescription de la loi est formelle; elle doit recevoir son exécution. Peut-on, au surplus, la négliger, lorsque le conseil de l'accusé est vraiment un homme recommandable, sans flétrir en quelque sorte celui à qui l'on jugerait nécessaire de donner cet avertissement?...

Ne peut-il pas arriver aussi que l'accusé ait choisi pour conseil tel homme que le président sera forcé, dans le cours des débats, de rappeler plus d'une fois à l'exécution de l'article 311? Si, par exemple, l'accusé a obtenu la permission de se faire assister aux débats par un parent, par un ami (1)?...

(1) Le conseil de l'accusé ne pourra être choisi par lui ou désigné par le président, que parmi les avocats ou avoués de la Cour royale ou de son ressort; *à moins que l'accusé n'obtienne du président de la Cour d'Assises la permission de prendre pour conseil un de ses parens ou amis,* . . art. 295.

Il me paraît inutile d'insister sur l'exécution de l'article 312, puisqu'il est prescrit à peine de nullité; je ferai remarquer, néanmoins, qu'il n'est pas sans exemple que le président des Assises ait omis d'en exécuter les dispositions. Les bulletins des arrêts de la Cour de Cassation font foi que deux procédures ont été annulées, dans la même année, parce que le président n'avait pas adressé au jury le discours prescrit par cet article. Ce discours présente aux jurés, en fort peu de mots, toutes leurs obligations; je ne crois pas devoir me borner à le citer dans une simple note :

« Vous jurez et promettez, devant Dieu
« et devant les hommes, d'examiner avec
« l'attention la plus scrupuleuse les charges
« qui seront portées contre N ... N ..., de
« ne trahir ni les intérêts de l'accusé, ni ceux
« de la société qui l'accuse; de ne commu
« niquer avec personne jusqu'après votre
« déclaration; de n'écouter ni la haine ou la
« méchanceté, ni la crainte ou l'affection;
« de vous décider d'après les charges et les
« moyens de défense, suivant votre con-

« science et votre intime conviction, avec
« l'impartialité et la fermeté qui convien-
« nent à un homme probe et libre. »

« Chacun des jurés, appelé individuelle-
« ment par le président, répondra en levant
« la main, *je le jure*, à peine de nullité. »

Ainsi le législateur, pour faire sentir toute
l'importance qu'il met à ce que les jurés aient
présentes à la pensée la nature et l'étendue de
leurs devoirs, au moment même où leurs fonctions commencent, ne se borne pas à prescrire
au président, sous peine de nullité, de les leur
rappeler; il a voulu tracer lui-même la formule du serment qu'ils prêtent devant Dieu
et devant les hommes ; et cette formule,
comme je l'ai fait observer, contient chacun
des devoirs imposés au jury.

Le vœu de la loi serait-il rempli si le président, au lieu de relever en quelque sorte
la solennité de ce serment, par le respect
profond dont il paraît pénétré lorsqu'il en
prononce la formule, la lisait avec une telle

précipitation que les jurés entendissent à peine ses paroles, et fussent ainsi autorisés à penser qu'en prêtant ce serment ils ne remplissent qu'une vaine formalité? . . .

Aussitôt après le serment des jurés, on procède à la lecture de l'arrêt de renvoi et de l'acte d'accusation, pour leur rappeler plus sûrement que leur délibération devra porter exclusivement sur les faits contenus en ces deux actes. Dans la crainte même que ce premier avertissement ne suffise pas, la loi veut qu'il soit affiché en gros caractères dans la chambre des jurés, et lu à haute voix au moment même où la délibération va commencer.

« Avant de commencer la délibération,
« (porte l'article 342), le chef des jurés fera
« lecture de l'instruction suivante, qui sera,
« en outre, affichée en gros caractères,
« dans le lieu le plus apparent de leur
« chambre.

« La loi ne demande pas compte aux jurés
« des moyens par lesquels ils se sont con-

« vaincus ; elle ne leur prescrit point de
« règles desquelles ils doivent faire dépendre
« la plénitude et la suffisance d'une preuve :
« elle leur prescrit de s'interroger eux-mêmes
« dans le silence et le recueillement, et de
« chercher dans la sincérité de leur con-
« science quelle impression ont faite sur leur
« raison les preuves rapportées contre l'ac-
« cusé et les moyens de la défense. La loi ne
« leur dit point : *Vous tiendrez pour vrai*
« *tout fait attesté par tel ou tel nombre de*
« *témoins; elle ne leur dit pas non plus :*
« *Vous ne regarderez pas comme suffisam-*
« *ment établie toute preuve qui ne sera pas*
« *formée de tel procès-verbal, de telles piè-*
« *ces, de tant de témoins ou de tant d'in-*
« *dices;* elle ne leur fait que cette seule
« question qui renferme toute la mesure de
« leurs devoirs : Avez-vous une intime con-
« viction?

« Ce qu'il est bien essentiel de ne pas
« perdre de vue, c'est que toute la délibéra-
« tion du jury porte sur l'acte d'accusation ;
« c'est aux faits qui le constituent et qui en

« dépendent qu'ils doivent uniquement s'at-
« tacher . . . . »

Ainsi se trouve justifiée cette partie de l'allocution du président aux jurés sur la nécessité de fixer exclusivement leur attention sur les faits contenus en l'acte d'accusation ; il ne négligera pas de les inviter à l'écouter avec soin, en même temps qu'il avertira l'accusé d'y prêter toute son attention.

Un mot suffira pour rappeler aux jurés ce qu'il leur disait il n'y a qu'un instant, de l'importance de fixer leurs regards sur l'accusé, à l'effet d'apprécier les mouvemens produits sur lui, par tout ce qu'il voit, tout ce qu'il entend, et aucune circonstance du débat ne doit émouvoir l'ame d'un accusé, autant que la lecture de l'acte d'accusation.

A la vérité, cet acte lui a été notifié à l'avance ; il a été lu et commenté dans la maison de justice ; l'accusé n'ignore donc aucune des charges de la première information. Mais un acte d'accusation bien rédigé ne présente-t-il pas toutes les circonstances aggravantes du crime dont le ministère public demande vengeance au nom de la société? . . . Ne réunit-il pas toutes les preuves qu'on a pu recueillir contre l'accusé? . . . Dans un assassinat, vous comptez le nombre de blessures; vous en sondez la profondeur; vous entendez les cris de la victime et ses supplications. . . . Le cadavre apparaît à vos yeux. . . .

Viennent immédiatement après les indices de culpabilité : la violence de caractère établie par des faits multipliés; une perversité avérée; des motifs de haine ou de vengeance; des propos indiscrets ou des menaces; les apprêts de l'instrument du crime; la présence de l'accusé sur le terrain ensanglanté ou ses abords; du sang sur ses vêtemens . . . .

L'accusé n'entendra pas tous ces détails sans qu'il lui échappe un de ces mouvemens qui, pour être involontaire, n'en peignent que plus sûrement les sentimens de l'ame. Rien de tout cela n'est nouveau pour lui . . . On est parvenu, si l'on veut, à calmer avec ses remords les appréhensions qui le tourmentaient à son entrée dans la prison . . . . Mais les témoins, dans la crainte d'être poursuivis par le ministère public, s'ils taisent ou déguisent la vérité, ne vont-ils pas, aux débats, révéler ou expliquer davantage certains faits omis ou atténués devant le juge d'instruction? . . .

N'est-ce pas, d'ailleurs, la première fois que l'acte d'accusation et ses affreux détails vont frapper l'oreille, et peut-être soulever l'indignation de ces jurés appelés à prononcer dans une heure sur la culpabilité de l'accusé ?

Comment ces diverses considérations n'exciteraient-elles pas dans l'ame de l'accusé le plus effronté des émotions impossibles à déguiser?... Et le président peut-il, sans inconvénient, négliger de presser les jurés de réunir leurs efforts pour saisir toutes ces émotions?...

J'en appelle maintenant à la bonne foi de ceux qui suivent les Cours d'Assises. Le greffier lit-il souvent l'acte d'accusation et l'arrêt de renvoi, de manière à se faire entendre de tous ceux à qui la loi fait un devoir de l'écouter?...

Tel juré, pénétré de la sainteté de son serment, encore touché de l'allocution du président, se rappelant d'ailleurs qu'il ne doit compte à personne des élémens de sa conviction, l'aurait tirée peut-être de l'effet produit sur l'accusé par la lecture de l'acte d'accusation; peut-être aussi la conscience de ce juré lui aurait-elle dit que l'accusé n'est pas coupable?... Un innocent entendra-t-il sans indignation les affreux détails d'un crime dont il est calomnieusement accusé, et ce sentiment, plus ou moins énergiquement manifesté, ne peut-il pas être saisi par un juré attentif?... Ne ravissez-vous pas cet avantage à l'accusé, en tolérant qu'une formalité, prescrite d'ailleurs par la loi, soit remplie avec cette négligence qu'on met d'ordinaire à s'acquitter d'une tâche pénible et de peu d'importance?...

Je ne puis me dispenser de dire un mot

de la première disposition de l'article 315, depuis qu'un jurisconsulte en a demandé l'abrogation.

L'exposé du sujet de l'accusation (1) serait nécessaire, même après la lecture de l'acte qui contiendrait les détails les plus minutieux de l'affaire; cet exposé est indispensable, toutes les fois que l'accusation présente des faits multipliés et difficiles à saisir, toutes les fois surtout qu'il intéresse plusieurs accusés, soit comme auteurs, soit comme complices.

C'est aux faits qui constituent l'acte d'accusation et qui en dépendent, que les jurés doivent uniquement s'attacher; c'est à l'appui de ces faits, et pour prouver que l'accusé les a commis, que le ministère public va faire entendre des témoins; c'est à l'effet d'établir qu'il ne s'en est point rendu coupable, que l'accusé produira des témoins à décharge; en un mot, c'est exclusivement sur ces faits que

(1) Le procureur-général exposera le sujet de l'accusation, . . . art. 315.

le débat va s'ouvrir : il est donc nécessaire que le jury les saisisse clairement et sans confusion. Il faut pour cela, qu'après une lecture, ordinairement longue et fatigante, pendant laquelle l'attention n'a peut-être pas toujours été soutenue, il soit fait en peu de mots un rapprochement des faits et des charges, et tel est l'objet de l'exposé prescrit par l'article 315. Cet exposé, je le répète, me paraît indispensable dans toutes les affaires tant soit peu compliquées.

Mais il est juste d'accorder la parole à l'accusé ou à son conseil, après l'exposé du ministère public, soit pour rectifier ses erreurs, s'il lui en était échappé, soit pour présenter des circonstances qui viendraient à la décharge de l'accusé, et atténueraient ainsi l'effet toujours si redoutable des premières impressions.

La loi ne contient aucune disposition à cet égard, mais il suffit, ce me semble, qu'elle ne le défende pas. Son silence en ce point n'est-il pas, au reste, suffisamment suppléé par cette foule d'articles qui assurent à l'accusé la plus parfaite égalité d'avantages avec le ministère public, et par ce texte formel du troisième paragraphe de l'article 335 : *L'accusé ou son conseil auront toujours la parole les derniers ?*

Il me paraît également important d'appeler l'attention du président sur les dispositions de l'article 354, et de m'élever contre l'abus que les Cours d'Assises pourraient en faire, si la balance de la justice n'était pas toujours soutenue par une main ferme et assurée.

L'article est ainsi conçu : « Lorsqu'un té-
« moin qui aura été cité ne comparaîtra pas,
« la Cour pourra, sur la réquisition du pro-
« cureur-général, et avant que les débats
« soient ouverts par la déposition du premier
« témoin inscrit sur la liste, renvoyer l'affaire
« à la prochaine session (1). »

______

(1) Cette réquisition ne pourrait avoir lieu, si le pré-

En rapprochant ces dispositions de celles de l'article 306, portant : « Si le procureur-« général ou l'accusé ont des motifs pour « demander que l'affaire ne soit pas portée « à la première assemblée du jury, ils pré-« senteront au président une requête en pro-« rogation de délai. Le président décidera si « cette prorogation doit être accordée; il « pourra aussi d'office, proroger ce délai, » on se demande pourquoi, devant la Cour d'Assises, l'accusé ne semble plus partager avec le ministère public, la faculté de provoquer le renvoi de l'affaire à la prochaine session; pourquoi, devant la Cour d'Assises, ce n'est plus à la discrétion du président que la loi s'en remet sur la prorogation du délai?....

On peut répondre à la première de ces questions : L'intérêt de la société, la nécessité d'assurer son repos, en prévenant, par la juste punition des coupables, les crimes qui

mier témoin avait été entendu. L'examen et les débats, une fois entamés, devront être continués sans interruption, ... art. 353.

la troublent et l'offensent, imposaient au législateur le devoir d'écarter à l'avance tout obstacle à la marche de la justice.

Il ne se trouve souvent dans un procès qu'un seul témoin *de visu;* son absence peut avoir été sollicitée par l'accusé ou sa famille... Sa déclaration écrite peut, à la vérité, être lue, soit du consentement ou à la sollicitation de l'accusé, soit par ordre du président, en vertu de son pouvoir discrétionnaire. Mais cette lecture fera-t-elle sur le jury l'impression qu'aurait faite la déposition orale? La conviction n'est-elle donc le résultat que du récit des faits?... Le calme ou le trouble du témoin, sa modération ou son trop de chaleur, un extérieur qui inspire ou repousse la confiance, ne sont-ils pas autant d'élémens de cette conviction? . . . Si le témoin est absent, comment lui adresser ces interpellations qui l'eussent peut-être fait revenir sur quelques circonstances essentielles de sa déclaration, ou l'auraient amené à la modifier? . . .

Il était donc juste, il était indispensable

de donner au ministère public, dans le cas où
la déposition d'un témoin ne pourrait se répéter à l'audience au jour indiqué pour l'examen de l'accusé, le droit de requérir le renvoi
du procès à une autre session ; et il fallait
consacrer ce droit par une disposition ex-
presse, pour que l'accusé ne pût pas le contester.

Y avait-il nécessité égale de donner formellement le même droit à l'accusé, si l'un de
ses témoins eût fait défaut?... Je ne le pense
pas : cette faculté dérive, en effet, du droit de
défense ; elle dérive même du droit conféré
au ministère public par cet article 354, puisque, comme je le disais il n'y a qu'un instant,
l'accusé doit participer à tous les avantages
assurés au ministère public.

Est-il impossible que l'accusé attende la
preuve la plus irrésistible de son innocence,
de la déclaration d'un témoin irréprochable,
digne de toute la confiance du jury, qui
viendrait établir un alibi? . . . Et si ce témoin
ne paraît pas, contesterait-on à l'accusé le

droit de demander le renvoi de l'affaire? . . . ;
Et si seulement son espérance parait résulter
de quelques-uns des élémens de la procédure, la Cour d'Assises pourrait-elle repousser sa demande? . . .

Dans le cas prévu par l'article 3o6, nous
retrouvons ce principe qui domine tout notre
système criminel : égalité parfaite des droits et
des obligations entre le ministère public et
l'accusé. L'un ou l'autre a-t-il des motifs
pour demander le renvoi de l'affaire à une
autre session? . . . Il exposera au président,
dans une requête, les motifs de sa demande.

Il fallait bien investir le président du droit
de prononcer sur cette demande, seul et sans
le concours d'autres juges, puisque l'article
suppose que la Cour d'Assises n'est point
formée au moment où la demande est présentée.

Il était juste également de l'autoriser à
prononcer d'office ce renvoi, si l'examen de

la procédure lui en fait apercevoir un motif qui aurait échappé, soit à l'accusé, soit au ministère public.

Reste donc à examiner la question de savoir pourquoi le président, à qui l'article 369 confère le pouvoir d'appeler aux débats, même par mandat d'amener, toutes personnes, et conséquemment celles dont les dépositions ne peuvent être reçues aux termes de l'article 322, de se faire apporter toutes pièces (même nouvelles), par conséquent de les lire aux jurés, quoique l'article 341 défende de faire passer sous leurs yeux les déclarations écrites des témoins, ne peut pas prononcer seul sur une réquisition qui serait faite dans le cas prévu et spécifié par l'article 354.

La réponse à cette question prouvera au ministère public avec quelle circonspection il doit user de la faculté que lui donne cet article, de requérir le renvoi d'une affaire à la session prochaine; elle prouvera à la Cour d'Assises qu'elle ne doit ordonner ce renvoi qu'après en avoir reconnu l'indispensable nécessité.

Le législateur ne pouvait pas abandonner à la discrétion d'un homme seul, une mesure contraire à la marche tracée par le code d'instruction criminelle, une mesure aussi importante pour l'accusé. Il ne s'agit, en effet, de rien moins que de décider si les juges que la loi lui a donnés, prononceront sur l'accusation; si la détention, si pénible et si longue déja, sera ou non prolongée de trois mois au moins; s'il ne va pas, peut-être, perdre ses moyens de défense les plus importans.

Au moment où l'application de l'art. 354 peut avoir lieu, le tableau du jury de jugement est formé; l'accusé, le ministère public ont exercé le droit de récusation, ils l'ont peut-être épuisé; les douze jurés du tableau appartiennent au procès; eux seuls ont le droit de prononcer sur l'accusation. . . . . .

Quel magistrat serait assez téméraire pour demander qu'on leur enlevât la connaissance de l'affaire, s'il ne lui est pas démontré que le témoin défaillant peut seul et oralement établir les faits de l'accusation?...

D'un autre côté, soit que l'accusé doive être condamné, soit qu'il doive être acquitté, le renvoi à la session suivante prolonge évidemment sa détention de tout le temps qui va s'écouler jusqu'à sa mise en jugement; le ministère public qui requerrait cette prolongation sans les motifs les plus graves, et je ne supposerai pas qu'on puisse considérer comme motif suffisant l'indulgence présumée du jury, ne s'exposerait-il pas, en quelque sorte, à encourir le reproche de détention arbitraire?

Qu'il se demande au moins, avant de hasarder cette réquisition, si l'absence du témoin qui en fournit l'occasion n'est pas l'effet de la suggestion de quelques ennemis, et s'il ne va pas ainsi, sans s'en douter, devenir l'instrument de la haine et de la vengeance....

Qu'il se demande si l'accusé, par suite de cette prorogation, ne perdra pas des témoins

dont les dépositions auraient établi son innocence... Indépendamment des maladies, de
la mort, qui peuvent en trois mois en frapper
plusieurs, la loi ne donne à l'accusé aucun
moyen de contraindre les témoins à décharge, cités à sa requête, de se présenter aux
débats; s'il est pauvre, et c'est le plus grand
nombre, si les témoins à décharge le sont
aussi, plusieurs que l'humanité, l'amour de
la justice avaient décidés une première fois à
quitter leurs travaux, le soin de leur famille,
pour se porter à leurs frais, souvent à une
grande distance, pourront-ils renouveler tant
de sacrifices?...

Après l'exposé de motifs aussi puissans,
oserais-je dire un mot des frais mis à la charge
de l'État par le renvoi d'une affaire à la session suivante?... Cette considération mérite
toutefois l'attention de tout fonctionnaire
public.

Mais, en admettant qu'un zèle toujours
louable, pour la répression du crime, entraîne le ministère public à requérir légère-

ment une mesure qui peut devenir aussi funeste à l'accusé, ses droits demeurent entiers; la loi, toujours bienveillante pour lui, tant qu'il n'est point déclaré coupable, lui continue sa protection. Il s'agit ici de s'écarter de la route ordinaire, et d'enlever à l'accusé des droits qui lui semblent acquis : le pouvoir discrétionnaire du président devient impuissant; il faudra que chacun des juges examine avec maturité la réquisition du ministère public; il faudra la solennité d'un arrêt où les juges seront tenus de consigner les motifs de leur détermination.

Cette sage prévoyance du législateur a le double avantage d'offrir à l'accusé une juste garantie, et d'avertir la Cour d'Assises de toute la gravité de la mesure qui lui est proposée.

Nous arrivons au moment où le débat va s'ouvrir; tous les témoins sont présens, et la Cour d'Assises a statué sur les causes d'absence des défaillans.

Il serait à désirer que les témoins ne pussent pas communiquer entre eux avant de déposer; chacun raconterait ce qu'il a vu ou entendu personnellement, et là se borne ce que la loi demande au témoin. Elle punit sévèrement la subornation, la corruption, le faux témoignage; mais son action est impuissante contre un genre de séduction qui forme habituellement le plus grand obstacle à la manifestation de la vérité.

Toutes les fois qu'il se commet un grand crime, il devient le sujet de toutes les conversations : chacun raconte ce qu'il a vu, ce qu'il a entendu . . . Tel peut avoir aperçu ou cru apercevoir une circonstance qu'aucun autre n'avait remarquée . . . Les versions diverses circulent de maison en maison . . . On cite ce qu'ont raconté les voisins du lieu du délit, ou seulement ce qu'on a retenu de leur récit . . . Les faits sont changés, dénaturés, et peut-être sans mauvaise intention . . . On discute dans les lieux de réunion; on s'échauffe, et bientôt on adopte généralement pour vraie la version du plus opiniâtre, ou seulement de celui qui parle avec le plus de facilité . . . Les témoins, cités devant le juge d'instruction, n'osent plus déclarer ce qu'ils avaient cru voir ou entendre; tous racontent la fable qui s'est accréditée . . . L'information ne présente plus la vérité; vous n'avez pourtant aucun faux témoin à poursuivre.

Cet abus ne se répèterait pas aussi souvent si le maire, ou l'un des adjoints, si, à leur défaut, le juge de paix, plus voisin du lieu du délit que le juge d'instruction, se livraient davantage aux fonctions d'officiers de police judiciaire, et consignaient, au moment même où le crime vient de se commettre, les déclarations des témoins dans des procès-verbaux rédigés avec soin. Mais les choses ne se passent pas ainsi. Fort peu de maires et d'adjoints s'exercent à ce genre de travail, qui fait pourtant une des parties importantes de leurs devoirs; beaucoup de juges de paix négligent également tout ce qui touche la police; et le gouvernement, de son côté, ne s'occupe point assez de stimuler leur zèle en récompensant les soins et l'intelligence de ceux de ces fonctionnaires qui parviennent à mettre sous la main de la justice les auteurs de grands crimes, qui seraient restés impunis si leur découverte eût été abandonnée aux recherches de la gendarmerie et du juge d'instruction.

Dans l'état actuel des choses, et jusqu'à ce qu'il y soit apporté remède, le mal que je viens de signaler est à peu près inévitable; mais il ne doit produire d'autre effet que de tenir les juges et les jurés en défiance, et de les amener à peser les témoignages avec le soin le plus scrupuleux, et à multiplier les questions au témoin, pour lui fournir les moyens de se renfermer dans les bornes de la vérité.

Que le président ne néglige du moins aucune des mesures prescrites par la loi! . . . . . Que le débat commencé, les témoins ne puissent plus conférer entre eux du crime de l'accusé, toutes les fois que ces communications pourraient être dangereuses; et dans quel cas ne le seraient-elles pas (1)?. . .

____

(1) Le président ordonnera aux témoins de se retirer

Qu'avant de faire conduire les témoins dans leur chambre, il leur fasse sentir le danger de toute conversation relative à l'accusation; qu'usant au besoin de l'autorité dont il est revêtu, de tout le poids que lui donne la place qu'il occupe, il défende formellement ces conférences si sagement interdites par la loi ; il aura épuisé les seuls moyens en son pouvoir de faire arriver la vérité, dégagée de tous les nuages dont l'avait enveloppée l'obstination, ou seulement le désir de faire prévaloir le système que l'on s'est formé d'après les conversations.

Il reste, en outre, au président toutes les ressources que j'ai déja indiquées : il peut faire comprendre aux témoins qu'ils se parjureraient en présentant, comme ayant été vu et entendu par eux-mêmes, ce qui ne serait

dans la chambre qui leur sera destinée; ils n'en sortiront que pour déposer. Le président prendra des précautions, s'il en est besoin, pour empêcher les témoins de conférer entre eux du délit et de l'accusé, avant leur déposition . . . art. 316.

venu à leur connaissance que par le récit
d'autres témoins; il lui sera facile, en un
mot, à l'aide de cette douceur, de cette patience imperturbables, dont je crois avoir
démontré la nécessité, de reporter chaque
témoin au moment où le crime a été commis,
et d'obtenir qu'il se borne à raconter ce qu'il
sait personnellement.

Il n'est pas nécessaire d'insister, je pense,
sur l'inconvénient de réunir dans la même
chambre les témoins à décharge et ceux cités
à l'appui de l'accusation; il s'établirait bientôt
entre eux des discussions, peut-être des rixes
sérieuses; vous n'auriez plus ce calme profond, l'une des plus sûres garanties de la vérité de toute déposition.

L'article 317 (1) ne prescrit qu'une seule

(1) Les témoins déposeront séparément l'un de l'autre
dans l'ordre établi par le procureur-général. Avant de
déposer, ils prêteront, à peine de nullité, le serment de
parler sans haine et sans crainte, de dire toute la
vérité, rien que la vérité, etc. . . . .

formalité irritante : la prestation du serment. Plusieurs circonstances peuvent rendre né- cessaire l'interversion de la liste des témoins produits par le ministère public ou par l'ac- cusé. L'oubli du greffier de constater que le président a adressé les questions prescrites par cet article, n'entraînerait pas l'annula- tion du débat. Il en serait autrement, si le condamné se faisait un moyen de ce que le président ayant négligé les formalités autres que le serment, un témoin, non porté sur la liste, ou non appelé en vertu du pouvoir discrétionnaire, aurait été substitué à un au- tre; ou si la déposition d'une des personnes désignées en l'article 322, avait été reçue ; encore faudrait-il que le condamné s'y fût opposé.

Mais *le serment*, dans les termes mêmes de la loi, est sacramentel. Ainsi *vous promettez*, au lieu de *vous jurez*, de dire *la vérité*, au lieu de *toute la vérité;* le changement de ces mots, ainsi que l'omission de ceux-ci : *rien que la vérité, sans haine et sans crainte*, for- meraient autant de nullités radicales.

Si l'affaire occupe plusieurs séances, et qu'à chacune il ait été entendu des témoins, le procès-verbal doit constater que les témoins entendus à chaque séance ont prêté le serment prescrit par l'article 317. Il serait mieux d'insérer au procès-verbal les termes mêmes de ce serment, et de dire à la fin de chaque séance où des témoins auraient été entendus : *Tous les témoins entendus en cette séance ont prêté serment de parler sans haine et sans crainte, et de dire toute la vérité, rien que la vérité;* en supposant que le président qui reçoit le serment de chaque témoin eût prononcé la formule dans les termes mêmes de l'article, le procès-verbal devant toujours contenir la vérité. Mais la Cour de Cassation n'annule pas, lorsqu'à la fin de la déposition des témoins, le procès-verbal constate que tous les témoins on prêté le serment de l'article 317.

Cette formule suffirait même dans les affaires divisées en plusieurs séances, pourvu qu'elle se trouvât dans celle où les derniers témoins ont été entendus : elle serait insuffisante, s'il avait été entendu un seul témoin après la mention de la prestation de serment.

Les articles suivans du code d'instruction sont si clairs et si précis, ils sont d'une exécution si facile, que je crois pouvoir passer immédiatement au résumé prescrit par l'article 336 (1).

Dans mon avertissement, j'ai dit un mot de l'importance que j'attache à ce résumé, la plus importante, la plus délicate des fonctions du président, et qu'il faudrait se hâter de lui imposer si le législateur avait négligé de la lui prescrire.

Aux termes de l'article 386, l'accusé doit s'attendre à trouver dans le résumé du président un moyen échappé à son défenseur : cette seule considération ne suffit-elle pas pour en établir la nécessité?... Peut-on sup-

______

(1) Le président résumera l'affaire, il fera remarquer aux jurés les principales preuves pour ou contre l'accusé, ... art. 336.

poser, en effet, que le jury sera toujours composé d'hommes assez exercés aux affaires, assez maîtres de leur attention pour saisir et ne plus perdre de vue, dans les causes les plus compliquées, dans une déposition où les personnes, les dates, les distances ne sont plus celles que présentent les autres témoins, pour saisir, dis-je, un fait unique, mais décisif, qui aurait échappé au ministère public, au défenseur lui-même?...

Ce fait pourrait toutefois, sinon établir positivement l'innocence d'un accusé, jeter au moins du doute sur sa culpabilité, ce qui suffit pour entraîner son acquittement!.... Le trouble qui l'agite en ce moment fatal, peut-être son ignorance, son incapacité ne lui ont pas permis de remarquer lui-même tout l'avantage qu'il peut tirer de ce témoignage isolé!... Il fallait donc que la loi suppléât à l'inadvertance des uns, à l'incapacité de l'autre. Il fallait, pour assurer la vindicte publique, pour compléter la défense de l'accusé, qu'elle confiât le soin de faire remarquer aux jurés les principales preuves pour ou contre l'accusé, au président, toujours étranger à ces discussions plus ou moins animées qui ne permettent pas toujours de conserver le calme, le sang-froid, à qui rien n'échappe de vraiment important.

Mais dès-là que le texte formel de l'article 336 ne met pas à l'abri de toute critique la disposition qu'il prescrit; dès-là que des hommes graves et animés d'un véritable amour de la justice ne dissimulent point le désir de voir proscrire le résumé du président des Assises, qu'il me soit permis d'opposer à leurs attaques la jurisprudence de la Cour de Cassation, dont les décisions, en semblable matière, ne peuvent manquer de jeter un grand jour sur la question.

Un procès-verbal des débats devant une Cour d'Assises ne faisant nulle mention du résumé du président sur le pourvoi du condamné, la Cour de Cassation a rendu l'arrêt suivant :

« Vu l'article 372 du code d'instruction

« criminelle, qui enjoint au greffier de dres-
« ser un procès-verbal de la séance, à l'effet
« de constater que les formalités prescrites
« ont été observées.

« Vu aussi l'article 336 du même code qui
« porte : Le président résumera l'affaire, il
« fera remarquer aux jurés les principales
« preuves pour et contre l'accusé.

« Attendu que dudit article 372 il résulte
« que les formalités que le procès-verbal
« n'énonce pas avoir été observées à la séance,
« doivent être réputées avoir été omises.

« Attendu que le résumé que l'article 336
« prescrit au président doit, d'après cet ar-
« ticle, présenter aux jurés les principales
« preuves pour et contre l'accusé ; qu'il doit
« donc être le complément de la défense et
« de l'accusation ; qu'il fait donc partie des
« moyens de défense que la loi accorde à l'ac-
« cusé ; que l'omission d'un moyen de dé-
« fense ordonné par la loi opère une nullité
« radicale et substantielle.

« Et attendu que le procès-verbal des dé-
« bats, tenu contre N., ne constate pas que,
« conformément au susdit article 336, le
« président ait fait un résumé de l'affaire :

« Par ces motifs, la Cour casse et an-
« nule, etc., etc. »

Le résumé deviendrait, il est vrai, l'arme
la plus dangereuse contre l'accusé, s'il se
bornait à présenter les charges, s'il négligeait
un seul moyen de défense; si le président,
par l'abus le plus coupable, enchérissant sur
les efforts du ministère public, présentait,
sous la forme du résumé de l'affaire, un seul
raisonnement personnel qui ne serait justifié
par aucune circonstance du débat.

Je pourrais demander d'abord à ceux qui
veulent proscrire le résumé, si, de ce qu'un
président incapable peut nuire à l'accusé en
exécutant mal une formalité prescrite dans
son intérêt, il suit qu'on doive supprimer
cette formalité?...

Mais dans l'hypothèse où le président ajouterait aux faits de la cause et des débats, des faits nouveaux d'où il tirerait des argumens contre l'accusé, gardez-vous de croire que les droits de celui-ci soient compromis sans ressource!... Ne craignez pas que cette formule : *Les débats sont terminés*, après la prononciation de laquelle la parole n'est, en général, accordée ni au ministère public, ni à l'accusé, interdise à ce dernier toute réclamation. La loi, dans aucune de ses dispositions, n'autorise, d'une manière explicite, cette sorte de réclamation ; le législateur n'a pas supposé qu'un magistrat pût s'oublier au point de la rendre nécessaire. Mais la Cour de Cassation, chargée de conserver les droits de chacun, craignant sans doute que certains présidens, préoccupés ou incapables, donnant une fausse interprétation à ce silence de la loi, ne s'écartassent de son esprit, ne pouvait négliger aucune occasion d'établir les véritables principes sur l'exécution d'une mesure qui tient aussi essentiellement à la défense de l'accusé.

L'arrêt suivant me paraît d'autant plus important à citer ici, qu'il annonce, de la manière la plus positive, l'intention que je viens d'indiquer, puisqu'il a pour objet de prévenir, et nullement de réprimer l'abus qui sert de texte à la plupart des réclamations contre le résumé du président.

Il est, en effet, à remarquer que, dans l'espèce, il n'y avait aucune nécessité d'établir le droit qu'aurait l'accusé d'être entendu après la clôture des débats, si le président avait inséré des faits nouveaux dans son résumé; on s'était uniquement pourvu contre la condamnation à une peine disciplinaire, pour irrévérence envers le président. C'est donc évidemment pour établir un principe que cet arrêt a été rendu; il a, d'ailleurs, rejeté le pourvoi, il a été imprimé, et la Cour de Cassation ne porte dans son bulletin les arrêts de rejet, que lorsqu'elle les considère comme arrêts de doctrine.

Je crois inutile de justifier le droit que donne cet arrêt, de réprimer, dans le cours du résumé, des interruptions aussi contraires à la dignité de l'audience qu'au respect dû à la loi. Il fallait d'ailleurs s'en rapporter à la conscience du président, sur la fidélité, et l'impartialité du résumé ; et cette nécessité ne peut causer aucun préjudice à l'accusé, puisqu'aux termes de cet arrêt il a le droit de faire rouvrir le débat, si le président a présenté, dans son résumé, des faits nouveaux, ou lu des pièces nouvelles.

(Ne serait-il pas nécessaire d'ajouter que si la Cour d'Assises refusait, dans ce cas bien constaté, de rouvrir le débat, son arrêt serait nécessairement annulé?)

Voici, au surplus, le texte de cet arrêt :

« Sur le premier moyen, fondé sur ce que
« le fait pour lequel le demandeur a été con-
« damné n'est qualifié délit par aucune loi;

« Attendu que le code d'instruction cri-
« minelle n'autorise aucune réclamation ni
« aucune conclusion contre le résumé dont

« son article 336 charge le président de la
« Cour d'Assises;

« Que ce résumé doit fidèlement rappeler
« aux jurés les principales preuves du débat
« à charge et à décharge; mais que lorsque
« la loi a confié au président cet acte impor-
« tant de l'instruction criminelle, elle n'a
« pu en soumettre l'impartialité et l'exac-
« titude qu'au jugement de sa propre con-
« science....;

« Qu'en effet, les réclamations et la dis-
« cussion sur ce résumé n'auraient pu porter
« que sur des objets vagues, différemment
« sentis et appréciés, suivant la différence
« des esprits et des intérêts; qu'il n'en serait
« donc résulté qu'une controverse particu-
« lière entre le président et les parties qui
« auraient pu détourner la pensée des jurés
« des véritables élémens de l'affaire, et aurait
« toujours été nuisible à la dignité de l'au-
« dience et de la justice;

« Que si le ministère public et les accusés

« doivent être admis à faire des observations
« sur la manière dont les questions ont été
« posées, quoique le code d'instruction cri-
« minelle ne renferme, à cet égard, aucune
« disposition, c'est parce que l'article 376 du
« code du 3 brumaire an 4 leur en accor-
« dait le droit, et que cet article, qui n'a
« point été explicitement abrogé par le nou-
« veau code, ne peut être réputé l'avoir été
« implicitement, dans le cas du moins où les
« questions n'ont point été rédigées dans les
« termes du résumé de l'acte d'accusation,
« et conformément à la formule réglemen-
« taire et démonstrative de l'article 377 du
« même code;

« Que d'ailleurs la discussion sur une po-
« sition de questions se réduit toujours à des
« faits précis, qui présentent un sujet déter-
« miné à la délibération des juges, et que
« cette discussion, dont l'objet n'est point
« irrévérentiel pour le président, ne peut
« affaiblir le respect religieux qui doit ac-
« compagner tous les actes de l'instruction
« criminelle;

« Que, du droit de réclamer ou de prendre
« des conclusions sur la position des ques-
« tions, il ne peut donc être déduit aucune
« conséquence pour étendre le même droit
« sur le résumé des débats;

« Qu'à l'égard de ce résumé, il doit être
« reconnu et maintenu en principe qu'il ne
« peut être interrompu par aucune observa-
« tion ou aucune réclamation, soit du minis-
« tère public, soit des parties ou de leurs
« défenseurs;

« Que, lorsqu'il est terminé, il ne peut
« être pris de conclusions ni fait d'observa-
« tions sur la forme dans laquelle il a été
« fait, ou sur le fond de ce qui y a été dit,
« que dans la seule circonstance où le prési-
« dent, sortant du cercle des preuves dis-
« cutées ou relevées dans les débats, se serait
« permis de présenter des faits nouveaux ou
« des pièces nouvelles;

« Qu'à l'égard de ces faits nouveaux ou
« de ces pièces nouvelles, le discours du

« président n'aurait pas été le résumé du
« débat; qu'il n'aurait été qu'un acte auxi-
« liaire de l'accusation ou de la défense; que
« l'accusé ou le ministère public seraient
« donc fondés à demander d'être entendus
« sur ces faits ou sur ces pièces; et qu'à cette
« fin, leurs conclusions devraient tendre à ce
« que la clôture des débats et ce qui s'en
« serait suivi fussent annulés par la Cour
« d'Assises, et que ces débats fussent con-
« tinués sur les faits et sur les pièces sur les-
« quels ils n'auraient pas été mis à même de
« présenter leurs moyens...............
« ....»

Ainsi disparaît l'objection tirée de l'impossibilité où se trouverait l'accusé de faire entendre ses justes plaintes, si le président,
dans son résumé, présentait des faits nouveaux ou des pièces nouvelles.

Qu'il me soit permis de soumettre une
dernière observation à ceux qui voudraient
proscrire le résumé.

Le droit de défense est la base principale de notre système criminel. Dès le premier interrogatoire, le président doit, sous peine de nullité, désigner un défenseur à tout accusé qui n'en aurait pas choisi; mais il n'existe aucun moyen de contraindre le défenseur ainsi désigné à se trouver aux débats; et la Cour de Cassation n'a jamais cru être autorisée à suppléer en ce point au silence de la loi. Toutes les fois qu'il a été satisfait aux prescriptions de l'article 294 , elle a rejeté les pourvois fondés sur l'absence du défenseur aux débats. Il faut donc que le législateur se soit reposé sur le président du soin de reproduire, dans son résumé, tout ce qu'ils ont pu offrir à la décharge de l'accusé.

Il eût peut-être été difficile de contraindre un défenseur à se trouver à l'audience; mais une difficulté a-t-elle jamais arrêté celui qui nous a donné le code d'instruction criminelle? et peut-on supposer qu'il aurait hésité à prescrire une mesure aussi intimement liée à son système, par le seul motif qu'elle eût imposé une obligation pénible aux avocats et aux avoués? . . .

L'auteur de nos codes et les jurisconsultes habiles, chargés par lui de leur rédaction, n'ignoraient pas que l'affaire la plus désespérée change quelquefois de nature aux débats. Ils savaient qu'un incident imprévu, que des dépositions de témoins à décharge qu'on n'appelle point dans la première information, peuvent fournir à l'accusé des argumens dont son incapacité ne saurait saisir l'importance ; et ils ont pensé qu'ils y avaient suffisamment suppléé en adoptant les dispositions de l'article 336.

Gardez-vous donc de supprimer le résumé prescrit par cet article ; et si, malgré toutes mes observations, vous persistez à priver les accusés de ce complément de défense, hâtez-vous, du moins, de proposer une loi portant que l'accusé sera, sous peine de nullité, assisté d'un défenseur jusqu'au prononcé de l'arrêt de condamnation.

En terminant ces réflexions sur le résumé, je ne puis me dispenser de répéter qu'il m'est impossible de me persuader qu'aucun président d'Assises trahisse ses devoirs au point de servir d'auxiliaire au ministère public. Si je suis dans l'erreur, si la magistrature française, qui fut toujours un objet d'envie pour les autres nations, a subi quelquefois cette humiliation, n'est-elle pas autorisée à la rejeter sur ceux que la loi charge du soin de désigner ces magistrats?

Vous connaissez maintenant les qualités indispensables au président de Cour d'Assises. Chaque Cour royale contient plusieurs membres qui réunissent ces qualités : que vos choix se fixent exclusivement sur eux. D'autres se formeront sur leurs exemples; tous désireront d'être nommés, quand votre choix ne sera plus qu'un hommage aux talens et à la vertu.

Ne vous occupez plus de la nuance des opinions politiques de celui que vous appelez à ces fonctions. Aussi long-temps que le jury seul jugera le fait , que vous importe le système politique du président, même dans les procès purement politiques?.... Aura-t-il jamais à prononcer sur la culpabilité?.... Et, par rapport à la gravité de la peine, n'est-il pas tenu de prendre l'avis de ses assesseurs?... Si vous lui supposez quelque influence, craignez-vous que la peine monte au-delà du maximum, ou descende jamais au-dessous du minimum?.....

Au surplus, excepté dans la capitale et quelques contrées où la violence des partis peut mettre la chose publique en péril, les procès politiques sont-ils donc si multipliés? et toutes les nuances d'opinion ne reconnaissent-elles pas la nécessité de punir le voleur et l'assassin?...

Prenez garde, d'ailleurs, que les systèmes politiques sont sujets à quelques variations; et qu'en continuant la marche trop généralement adoptée, les présidences d'Assises, où l'incapacité peut être si funeste, ne seraient

plus que des écoles où vos partisans viendraient faire leurs premiers essais.........

La position des questions réclame encore
toute l'attention du président, puisque sa légèreté ou sa négligence en ce point important, entraînerait chaque jour des arrêts de cassation.

Je me bornerai à poser ici des principes, et
à citer quelques exemples qui pourront servir
de règle.

Aux termes de l'article 337 du code d'instruction criminelle, le président doit demander au jury si l'accusé est coupable du
crime avec toutes les circonstances comprises
dans le résumé de l'acte d'accusation; et
le procureur-général est tenu, d'après l'article 241, d'exposer dans cet acte, le fait et
toutes les circonstances qui peuvent aggraver
ou diminuer la peine.

L'article 337 suppose donc nécessairement
que l'acte d'accusation est, dans son résumé,
conforme au dispositif de l'arrêt de renvoi,

le ministère public ne pouvant, en aucun cas, faire disparaître les caractères constitutifs de la criminalité du fait qui a motivé l'accusation, ni supprimer aucune circonstance de ce fait. De là il suit que les questions doivent être posées conformément au résumé de l'acte d'accusation, lorsque ce résumé est lui-même conforme à l'accusation portée dans l'arrêt de renvoi. Mais s'il présente un fait différent, s'il change le fait de l'accusation par des omissions dans les circonstances, c'est à cet arrêt que le président des Assises doit se référer; c'est sur le fait tel que l'arrêt l'a fixé que les questions au jury doivent être posées, sans quoi l'accusation ne serait pas vidée, et la Cour régulatrice serait tenue d'annuler et de renvoyer à de nouveaux débats.

Il semblerait résulter de l'article 338 que le président ne doive poser, comme résultant des débats, que des circonstances aggravantes; ce qui serait évidemment contraire à l'équité. Aussi l'article suivant prescrit-il, à peine de nullité, de poser une question sur les faits d'excuse proposés par l'accusé, s'ils sont admis comme tels par la loi.

Mais le vœu de la loi, dans l'article 339, est nécessairement le même que celui de l'article précédent : il faut et que les circonstances aggravantes résultent réellement des débats, et que la demande de l'accusé ne repose pas sur une simple allégation, mais sur des faits résultant eux-mêmes des débats. Si la question devient contentieuse, par conséquent étrangère à la police de l'audience et au pouvoir discrétionnaire du président, c'est à la Cour d'Assises qu'il appartient de décider si le fait d'excuse résulte du débat. Cette question doit être nécessairement résolue par la Cour; sans quoi on soumettrait à l'examen des jurés des faits sur lesquels ils n'auraient pu recueillir aucune lumière.

Il faut bien remarquer que les faits admis comme excuse par la loi laissent subsister le délit; ils en modifient seulement le caractère et la peine. La démence qui anéantit la culpabilité, et par conséquent tout délit, ne peut donc pas être admise comme excuse; mais s'il résulte du débat que l'accusé ait été en démence au moment de l'action sur laquelle repose l'accusation, la loyauté impose au président le devoir d'expliquer, en termes clairs, aux jurés, que s'ils admettent ce fait, ils ne peuvent plus déclarer l'accusé coupable.

Le fait servant de base à l'accusation peut être modifié par le débat; c'est ainsi que tout fait, présenté par l'arrêt de renvoi comme un crime consommé, peut n'être plus qu'une tentative : évidemment, dans ce cas, il est du devoir du président de poser une question sur le fait ainsi modifié; autrement l'impunité de l'accusé serait assurée, le jury ne pouvant pas déclarer coupable d'un crime consommé, celui que le débat ne présenterait plus que comme auteur de la tentative de ce crime.

Si la réponse des jurés est claire, complète et concordante avec la question; si elle a été lue à l'audience et signée par le chef du jury; si elle a été remise par lui au président et signée par ce dernier et le greffier (formalités substantielles aux termes des articles 348 et 349), elle appartient aux accusés, et les jurés ne peuvent plus, sans excès de pouvoir par la Cour d'Assises, être renvoyés à une nouvelle déclaration. Ainsi, dans le cas d'un attentat à la pudeur sur la personne d'une jeune fille âgée de moins de quinze ans, on demande aux jurés si l'accusé est coupable d'un attentat à la pudeur, consommé ou tenté avec violence sur un enfant âgé de moins de quinze ans ; ils répondent : *Oui, mais sans violence ;* puis ils sont renvoyés dans leur chambre par la Cour d'Assises (le président seul ne peut, en aucun cas, ordonner ce renvoi), sous le prétexte qu'ils ont omis de prononcer sur l'âge de l'enfant, et leur seconde réponse porte : Oui, l'accusé est coupable avec toutes les circonstances ; alors, sur cette nouvelle déclaration, si la Cour d'Assises prononce la peine des travaux forcés à temps, il y a de sa part excès de pouvoir et fausse application de la loi, puisqu'il est évident que la première déclaration, régulière dans sa forme, avait écarté la criminalité du fait principal, et que les jurés n'avaient plus à s'occuper des circonstances.

Il y aurait semblable irrégularité, dans le cas même où la Cour d'Assises, délibérant sur l'application de la peine, conséquemment après l'exécution des articles 348 et 349, s'apercevrait qu'on a oublié de poser une question sur un fait révélé dans le débat, et renverrait les jurés dans leur chambre. Par leur première réponse ils ont consommé leurs pouvoirs : leur déclaration est irrévocable; elle ne peut plus être étendue ni restreinte.

Mais si, après la lecture de la déclaration et l'exécution des formalités des articles 348 et 349, et avant que la Cour d'Assises ait appliqué la peine, on découvrait un fait nouveau, non révélé par le débat, et qui fût de nature à exercer de l'influence sur la preuve des faits de l'accusation, ou sur la peine que l'auteur de ces faits dût encourir, il appartiendrait à la Cour d'Assises, qui n'aurait pas encore épuisé ses pouvoirs, de juger si cette influence est réelle ou si elle n'est qu'une vaine allégation. Dans le premier cas, la Cour d'Assises devrait annuler la clôture des débats et tout ce qui en a suivi. Elle en ouvrirait un sur le fait nouveau ; le président devrait aussi faire un nouveau résumé ; après lequel les questions seraient posées, soit d'après le nouveau débat, soit d'après l'acte d'accusation tel qu'il l'aurait modifié : dans ces circonstances, les jurés qui avaient perdu tout caractère pour donner une nouvelle déclaration sur les premiers faits, considérés isolément, auraient encore qualité pour répondre sur ces mêmes faits réunis à celui du nouveau débat, parce que, dans sa combinaison avec les premiers, il pourrait en détruire la preuve ou modifier la peine qu'ils allaient entraîner.

Telle serait, dans l'espèce posée, la marche régulière et légale tracée par la Cour de Cassation, dans son arrêt du 16 juin 1820.

La déclaration du jury doit être complète, concordante avec la question, et présenter un sens clair et précis.

Une maison a été pillée ; le pillage a été exécuté en réunion ou bande, et à force ouverte. On a demandé au jury *si l'accusé a excité ou provoqué* (dans les termes de l'article 60 du code pénal) *le pillage qui a été commis par plusieurs personnes armées, réunies, et à force ouverte*. Le jury n'avait donc pas seulement à résoudre la question de savoir s'il y avait eu pillage ; il était tenu de s'expliquer sur les circonstances aggravantes *de la réunion de plusieurs personnes armées et de la force ouverte;* il a néanmoins gardé le silence sur ces circonstances, tout en répondant affirmativement. Le pillage dont l'accusé a été déclaré coupable n'est donc plus le pillage prévu et puni par l'article 440 du code pénal, et la Cour d'Assises qui aurait prononcé la peine de cet article, aurait fait une fausse application de la loi.

Cette réponse des jurés est incomplète et insuffisante pour servir de base à un arrêt quelconque , et même à une ordonnance d'acquittement. On peut dire qu'elle manque de clarté, et laisse incertaine et douteuse la pensée du jury : son silence sur les circonstances du pillage a pu provenir, en effet, ou de ce qu'il ne les a pas examinées, ou de ce que leur existence ne lui a point paru constante.

S'il n'est pas possible de considérer l'accusé comme convaincu du crime prévu par l'article 440 du code pénal , puisqu'il n'a pas été déclaré coupable avec les circonstances mentionnées en cet article, il n'est pas moins impossible à la Cour d'Assises de décider qu'il n'est pas coupable de ce crime, puisque les jurés, en omettant de s'expliquer sur les circonstances, l'ont déclaré coupable, mais ont négligé d'ajouter : *Sans les circonstances.*

Ainsi, la déclaration, telle que je la suppose, ne pourrait être la base légale d'un arrêt d'absolution ni d'une ordonnance d'acquittement, puisque le fait reconnu par les jurés est défendu par la loi; elle ne pourrait l'être d'un arrêt de condamnation, puisqu'il reste incertain si le fait dont l'existence est reconnue et déclarée, est le pillage puni des travaux forcés à temps par l'article 440, ou bien un pillage commis par plusieurs personnes dans une maison habitée, lequel n'étant que le vol mentionné dans l'article 386 du code pénal, ne serait punissable que de la réclusion. On voit combien une réponse alternative et incertaine laisserait le fait douteux!

La réponse du jury doit, en outre, être concordante avec la question, et ne pas lui en substituer un autre. Dans un infanticide, le président demande au jury si l'accusée est coupable *d'avoir commis tel jour un homicide volontaire sur un enfant nouveau-né dont elle était accouchée ledit jour;* et le jury répond : *Oui, elle lui a donné la mort, mais par imprudence.* La question d'imprudence n'ayant pas été posée, la réponse, non concordante avec la question, constituerait un excès de pouvoir de la part des jurés ; un arrêt quelconque, rendu sur une semblable réponse, serait entaché de nullité.

Il y aurait, dans ces diverses espèces, nécessité de renvoyer les jurés à une nouvelle délibération.

Les jurés ne sont juges que des faits d'une accusation et des circonstances de moralité qui peuvent rendre coupable celui qu'ils en déclarent l'auteur. Ainsi, dans la formule de l'article 337, *l'accusé est-il coupable d'avoir commis tel crime?* il ne peut être question que de faits qui ont, par eux-mêmes, le caractère de crime, et nullement de ceux à qui ce caractère ne peut être donné que par une conséquence raisonnée des lois pénales que les jurés peuvent ne pas connaître, et qu'en aucun cas ils ne doivent apprécier ni appliquer. D'où la conséquence qu'en demandant, par exemple, au jury si l'accusé est coupable du crime de faux, pour avoir altéré un acte, le président satisfait au vœu de la loi, puisqu'il met les jurés à portée d'exprimer leur conviction sur les circonstances matérielles et sur les circonstances morales de la question de fait; mais qu'en les interrogeant sur la nature de l'écrit altéré, en leur demandant si le faux a été commis en écriture de commerce, il leur soumet une question de droit étrangère à leur compétence, puisque cette question ne peut être résolue que d'après les principes de la loi civile et commerciale; en un mot, c'est à la Cour d'Assises qu'il appartient exclusivement de rapprocher les faits déclarés constans par le jury, des dispositions du code pénal, et de juger, d'après ce rapprochement, si ces faits, en matière de faux, constituent le crime de faux en écriture publique, de commerce ou de banque, ou simplement en écriture privée. On doit donc demander au jury si le faux a été commis sur un registre de l'autorité; si l'acte altéré a été rédigé par un officier public; si c'est une lettre de change; dans le cas où il s'agirait d'un billet à ordre, si les signatures contrefaites sont celles de négocians; enfin si la pièce fausse est une lettre missive ou un acte entre simples particuliers : la Cour d'Assises décide ensuite de quelle nature est le faux dont l'accusé a été reconnu coupable.

S'il existe des contradictions entre les déclarations du jury, elles se détruisent les unes par les autres : il ne reste plus aucun sens, aucune base à l'application de la peine.

Dans une banqueroute frauduleuse, les jurés déclarent d'abord que l'accusé, étant en état de faillite (circonstance sans laquelle il n'existe point de banqueroute frauduleuse, et sur laquelle, conséquemment, le jury doit toujours s'expliquer) a justifié l'emploi de toutes ses recettes, qu'il a présenté des livres offrant sa véritable situation active et passive. Dans une réponse suivante, ils déclarent qu'étant en état de faillite, il a supposé une dette passive et collusoire entre lui et un créancier fictif, en faisant des écritures simulées ou en se constituant, sans cause ni valeur, débiteur par des engagemens sous seing-privé; ces déclarations sont évidemment contradictoires; comment, en effet, le même failli peut-il avoir justifié l'emploi de toutes ses recettes, présenté dans ses livres sa véritable situation active et passive, et avoir tout à la fois, dans les mêmes livres, supposé une dette passive et collusoire, fait des écritures simulées ou s'être constitué, sans cause ni valeur, débiteur par des engagemens sous seing-privé?

Il y aurait également contradiction si, dans

une accusation d'assassinat, après avoir résolu négativement une première question portant : *L'accusé est-il coupable d'avoir, avec préméditation, donné la mort à un tel?* le jury, répondant à une question subsidiaire sur le meurtre, disait : *L'accusé a porté à un tel plusieurs coups qui ont donné la mort, mais involontairement et dans la chaleur de la rixe.* Des coups portés dans la chaleur de la rixe ne peuvent être regardés comme involontaires qu'autant qu'ils auraient été reçus par une autre personne que l'adversaire de l'accusé, et, dans l'hypothèse donnée, l'individu mort sous les coups aurait été cet adversaire.

Dans chacune de ces espèces, la Cour d'Assises ne pourrait absoudre ou condamner, sans excéder ses pouvoirs et faire une fausse application de la loi. Elle doit donc renvoyer les jurés à une nouvelle délibération.

Mais lorsqu'elle a pris cette mesure, par un motif quelconque, elle ne peut, sous aucun prétexte, faire revivre la première

déclaration et la prendre pour base d'un
arrêt. Ce serait excéder ses pouvoirs que
de rapporter, par un second arrêt, le premier
qui avait implicitement annulé la déclaration
du jury, en lui demandant une nouvelle réponse sur les mêmes faits. Le premier arrêt
aurait acquis l'autorité de la chose jugée à
l'égard des juges qui l'auraient rendu; il
l'aurait acquise envers tous, s'il n'avait pas été
attaqué par le recours en Cassation, seule voie
qui eût été ouverte; et si d'ailleurs la seconde déclaration était revêtue de toutes les
formes prescrites, elle ne pourrait être soumise à aucun recours, aux termes de l'article
350; ainsi donc le retour à la première déclaration formerait, sous ce nouveau rapport, une nullité radicale.

Lorsque la Cour d'Assises demande aux
jurés une nouvelle délibération pour omission, défaut de clarté dans leur déclaration, ou tout autre motif, la nouvelle
déclaration doit, à peine de nullité, être déli-
bérée collectivement dans une chambre particulière, *dans le silence et le recueillement,*

hors la présence du public, et sur les questions faites à chaque juré par le chef du jury. Une explication fournie à l'audience par celui-ci, et même par chacun des jurés, ne régulariserait pas la déclaration.

Enfin, toutes les fois que l'accusation porte sur un crime défini ou caractérisé par la loi, tels que la tentative, là complicité, les questions doivent présenter les caractères tels qu'ils sont définis, ils doivent se retrouver dans la réponse des jurés, ou résulter du moins évidemment de cette réponse. Il en serait de même si le débat, modifiant le faux ou le vol, et les réduisant à une simple escroquerie, ce délit devenait la matière d'une question à soumettre au jury.

Aux termes de l'article 2 du code pénal, la tentative d'un crime, considérée comme le crime même, est, depuis la loi modificative du 28 avril 1832, celle qui, suivie d'un commencement d'exécution, n'a été suspendue et n'a manqué son effet que par des circonstances fortuites, indépendantes de la volonté de son auteur. Ainsi, lorsque la tentative d'un crime est l'objet d'une accusation, il faut que la déclaration affirmative des jurés établisse les deux circonstances dont la réunion peut seule imprimer à cette tentative un caractère criminel. Si le jury n'est interrogé ou ne répond que sur l'une de ces circonstances, l'autre ne peut pas être considérée comme constante.

La tentative ne serait donc pas celle que le code pénal assimile au crime, si le jury se bornait à déclarer que la tentative n'a manqué son effet que par des circonstances indépendantes de la volonté de l'accusé, ou bien que la tentative a eu un commencement d'exécution. La réponse doit porter sur l'un et l'autre caractère.

La complicité est un fait moral qui résulte d'un ou de plusieurs des faits matériels déterminés expressément dans les articles 60 et 62 du code pénal. Le jury seul peut prononcer sur ces faits matériels, il en a l'obligation ; c'est ensuite à la Cour d'Assises, juge du droit, à décider, d'après ces faits tels qu'ils ont été déclarés par le jury, si l'accusé s'est rendu coupable du crime de complicité.

Une déclaration de jurés portant seulement : L'accusé *est* ou *n'est pas coupable du crime de complicité*, serait donc radicalement nulle, et ne pourrait servir d'élément soit à une ordonnance d'acquittement, soit à un arrêt d'absolution ou de condamnation.

Les questions doivent être posées dans les termes mêmes de la loi , suivant le genre de complicité dont il s'agit; il doit y avoir question sur l'aide et assistance , question sur la provocation, etc. Il ne suffirait pas de demander au jury si l'accusé est coupable d'avoir assisté , d'avoir provoqué l'auteur ou les auteurs.....

Pour que le délit d'escroquerie soit passible de l'art. 405 du code pénal, il faut qu'une déclaration précise établisse que l'accusé s'est rendu coupable des faits qui, aux termes dudit article, constituent l'escroquerie.....

La provocation peut servir d'excuse au meurtre, aux blessures graves, aux coups, mais seulement dans le cas où elle est admise et reconnue en fait, dans les termes des articles 321 et 322 du code pénal; les termes de ces articles, suivant la nature de l'excuse proposée, doivent donc se trouver dans la question soumise au jury.

La loi ne se borne pas à protéger l'accusé jusqu'au moment où le jury prononce sa culpabilité; elle lui conserve, même après qu'il a été déclaré coupable, le droit sacré de la défense. De là l'obligation imposée au président, de lui demander s'il n'a rien à dire sur l'application de la peine requise par le ministère public (1).

S'il n'existait pas autant d'arrêts de cassa-

(1) « Lorsque l'accusé aura été déclaré coupable, le « procureur-général fera sa réquisition à la Cour pour « l'application de la peine... art. 362.

« Le président demandera à l'accusé s'il n'a rien à « dire pour sa défense..... art. 363. »

tion pour omission de cette formalité, j'aurais négligé peut-être d'en recommander
l'exécution. La disposition de l'article 363
est, en effet, tellement impérative, qu'on ne
supposerait pas facilement qu'elle pût être
omise. Toutefois, soit que plusieurs présidens
la regardent comme indifférente, parce qu'elle
n'est pas prescrite sous peine de nullité, soit
que les greffiers, fort peu surveillés dans la
rédaction des procès-verbaux, comme j'aurai occasion de le dire, oublient de faire
mention de son exécution, ce qui suffit
pour établir la présomption de droit qu'elle
a été omise, la Cour suprême a très souvent annulé des arrêts, pour violation de cet
article.

Le législateur, n'a pas textuellement attaché la peine de nullité à cette violation, il est
vrai, mais la formalité tenant évidemment
au droit de défense, la Cour de Cassation a
dû la déclarer substantielle et en exiger ri-
goureusement l'exécution.

N'est-il pas évident, par exemple, que

toutes les fois que la peine applicable et requise présente un maximum et un minimum,
l'accusé a intérêt de plaider que telle circonstance atténue son crime et lui donne des
droits à l'indulgence des juges?... Le président ne doit donc pas négliger de demander
à l'accusé, déclaré coupable, et après la réquisition du ministère public, pour l'application de la loi pénale, s'il n'a rien à dire
pour sa défense.....

Ici se terminent mes réflexions sur les devoirs du président des Assises, avant la prononciation de l'arrêt. Celui qui les prendrait
pour règle de sa conduite remplirait, ce me
semble, le vœu de la loi; et, si l'on me re-
prochait trop d'indulgence ou de l'indifférence pour l'ordre public, je répondrais :
Croyez-en ma longue expérience; le président qui suivra constamment et en tout point
la ligne que j'ai essayé de tracer, obtiendra
plus souvent des déclarations de jurés conformes à la vérité, que celui qui méconnaî-
trait ses devoirs. Il n'aura, du moins, jamais
la douleur de prononcer la condamnation

d'un innocent; et tel est apparemment le vœu de tout magistrat.....

Il me paraît encore important de dire un mot de l'article 26 du code pénal, pour que le président en rappelle, dans l'occasion, la disposition aux juges qui composent avec lui la Cour d'Assises (1).

Il serait, en effet, à désirer que leurs arrêts fussent plus souvent exécutés, sinon dans le lieu même où le crime a été commis, ce qui n'est pas toujours possible, et serait souvent sans utilité, du moins là où l'on pourrait juger que la punition du coupable serait plus salutaire. Je n'insisterai pas sur l'importance de cette mesure, et je renvoie ceux qui n'en seraient pas convaincus, à l'écrit publié par M. Ménard, avocat-général à Poitiers, *sur l'administration de la justice criminelle en France, dans ses rapports avec le nombre des Cours d'Assises*. Ce magistrat a fait une étude

(1) L'exécution se fera sur l'une des places du lieu qui sera indiqué par l'arrêt... art. 26. Code pénal.

approfondie de son sujet, et propose des améliorations dont partie produirait de grands
avantages. Je diffère d'opinion avec lui sur
plusieurs points importans, mais j'adopte ses
idées sur l'utilité de ne pas ordonner, dans
tous les cas, l'exécution des arrêts de condamnation au chef-lieu judiciaire.

Sans doute les exceptions en cette matière
doivent être fort rares; ce serait, comme le
remarque si judicieusement M. Ménard, une
aggravation de peine qui ne doit être prononcée qu'avec une grande circonspection;
mais, dans le parricide, l'assassinat avec des
circonstances qui en aggravent l'atrocité, l'incendie, particulièrement lorsque cet horrible
fléau épouvante et désole toute une contrée,
c'est moins pour ajouter à la sévérité du sup-
plice que pour effrayer ceux qui seraient
tentés de se rendre coupables de pareils crimes, qu'il importe d'émouvoir toutes les
ames par un spectacle d'autant plus frap-
pant qu'il serait moins fréquent. Pourquoi
n'emploierait-on pas cette mesure, même
dans la punition de crimes moins atroces, si

des circonstances particulières la rendaient nécessaire?.....

La Cour d'Assises de la Seine a ordonné une seule fois, je crois, l'exécution d'un arrêt ailleurs qu'au lieu ordinaire, dans les circonstances suivantes : Deux jeunes conducteurs de cabriolets des environs de Paris avaient réuni leurs efforts pour tenter de faire violence à une jeune personne qui se trouvait seule dans leur voiture. Ils furent condamnés aux travaux forcés à perpétuité et à la flétrissure ; l'arrêt reçut son exécution sur la place où stationnent les cabriolets qui font le service de la route où le crime avait été commis.....

Enfin, lorsque l'arrêt a été prononcé, l'accusé reconduit dans la maison de justice, la séance levée, il ne reste plus au président qu'une obligation à remplir, et peut-être trouvera-t-on fort étrange que j'aie cru devoir présenter quelques observations sur une opération toute matérielle, prescrite par le code d'instruction criminelle : la signature du procès-verbal (1).

Si l'on veut me suivre avec attention, on reconnaîtra, j'espère, que mon travail eût été incomplet, si j'avais omis d'appeler l'attention des présidens d'Assises sur cet article 372 qui, comme on va le voir, leur impose de graves obligations.

Le procès-verbal a pour objet de constater que les formalités prescrites ont été observées; la conséquence nécessaire et rigoureuse est donc que toute formalité non constatée par le procès-verbal n'a point été remplie... Des milliers d'arrêts de la Cour de Cassation consacrent ce principe, dont l'évidence, au reste, n'échappe à personne.

Le greffier peut seul tenir la plume pen—

______

(1) Le greffier dressera un procès-verbal de la séance, à l'effet de constater que les formalités prescrites ont été observées... Le procès-verbal sera signé par le président et par le greffier... art. 372.

dant les débats, et pourtant son procès-verbal est également l'œuvre du président, puisque la signature de celui-ci atteste la vérité des faits qu'il relate ; il y a donc, pour le magistrat, nécessité de s'assurer de l'exactitude de cet acte important.

J'ai dit que le président n'a pas à prouver, dans le cours du débat, la culpabilité de l'accusé, mais qu'il doit seulement rechercher s'il est coupable ; je suis également autorisé à dire ici qu'avant d'apposer sa signature au bas du procès-verbal, il ne doit nullement rechercher si le greffier a soigneusement constaté que toutes les formalités prescrites, à peine de nullité, ont été remplies, mais uniquement si le procès-verbal est le miroir fidèle du débat, s'il ne relate que ce qui a eu lieu.

Dans l'hypothèse où la formalité la plus substantielle, la plus usuelle, la prestation de serment par tel témoin, aurait été omise aux débats, quel président oserait apposer sa signature au bas d'un procès-verbal où le greffier aurait inséré que ce témoin a prêté serment?.....

En supposant que le condamné n'ait point eu de défenseur, que le défaut d'intelligence, la préoccupation, ne lui aient pas permis de remarquer l'omission de cette formalité, en un mot, que le président n'ait point à redouter le scandale et le chagrin d'une inscription de faux, un magistrat se permettra-t-il une action aussi criminelle?.....

Eh quoi! la loi accorde à l'accusé le plus évidemment coupable, la chance d'une seconde épreuve, si quelque nullité fait annuler une première condamnation, et le président oserait lui ravir cet avantage! Qui donc lui a dit que le second jury aurait été affecté comme le premier! Et si la culpabilité n'a été établie, dans le premier débat, que par les dépositions de quelques témoins, qui lui a dit que ces témoins n'auraient pas retranché, dans un second débat, ce que la haine, des suggestions perfides, ou, si l'on veut, la distraction seulement, leur auraient fait ajouter, à la charge de l'accusé, dans leurs premières dépositions?..... Enfin, qui lui a dit que le crime déclaré constant par le premier jury, n'est pas du nombre de ceux dont la Providence s'est réservé la punition..... (1)?

Et, au milieu de toutes ces incertitudes, un magistrat, par la plus criminelle de toutes les infidélités, chargerait sa conscience d'une aussi terrible responsabilité!..... Non jamais, je le dis avec une entière conviction, jamais un président d'Assises ne s'est rendu coupable d'une action aussi répréhensible!

Mais, ce qu'il ne fait pas sciemment, n'arrivera-t-il pas souvent par suite de sa négligence et de sa légèreté?

Ici encore les intérêts de l'accusé ne sont pas seuls compromis; si le président des Assises néglige de rectifier une erreur, un oubli

(1) Sunt quædam (crimina) judicio Dei reservanda...
(Ex capitul. Caroli Magni).

qui aurait échappé au greffier, cette négligence peut causer un égal préjudice à la société.

N'est-il jamais arrivé pourtant qu'un président de Cour d'Assises ait apposé sa signature
au bas d'un procès-verbal , de confiance et
sans le lire?

N'est-il jamais arrivé qu'on ait laissé s'é-
couler assez de temps entre les débats et la
signature du procès-verbal, pour qu'il ne
restât pas , dans la mémoire du président, la
plus légère trace d'aucun détail?... Ce magistrat pourrait-il se rappeler même les incidens
qui n'auraient pas amené une discussion de
quelque importance, si l'intervalle , entre la
rédaction du procès-verbal et sa signature ,
avait été employé à d'autres procès ?

Si le greffier, sans aucune intention coupable, mais seulement par l'habitude qu'il a
d'écrire que tous les témoins ont prêté le serment de l'article 317, insère dans son procès-verbal cette formule banale, dans telle

affaire, où l'on aurait oublié de faire prêter serment à l'un des témoins, et que le président signe le procès-verbal sans le lire, ou qu'il n'en prenne lecture qu'à une époque où déja il a perdu tout souvenir du débat, n'est-ce pas évidemment par sa faute que le condamné est privé du moyen de cassation le plus victorieux ?

D'un autre côté, dans une affaire où les témoins auraient été fort nombreux, et auraient tous prêté le serment, le greffier oublie de constater que l'un d'eux a rempli cette formalité; le président, à qui la loi fait un devoir de rectifier les erreurs du greffier, pourra-t-il le faire, s'il ne lit pas le procès-verbal, ou s'il le lit trop tard? et la société n'a-t-elle pas à lui demander compte de la nullité qui n'échappera point à la Cour de Cassation, et qui rend incertaine la punition d'un criminel qu'un arrêt régulier avait condamné?.....

Si l'on ne peut contester qu'il soit possible qu'un président ne prenne pas toujours une

lecture sérieuse et réfléchie du procès-verbal
des débats, avant d'attester par sa signature
qu'il contient la vérité; s'il est possible encore que cette signature ne lui soit demandée
qu'après un laps de temps assez long pour
que les débats de plusieurs affaires plus ou
moins compliquées aient opéré dans sa mémoire une confusion qui l'empêche de dé-
mêler les erreurs du greffier, mes réflexions
sur ce point important n'auront pas été
inutiles.

Le président est chargé, comme le ministère public, de surveiller les officiers ministériels; il doit donc exiger du greffier, dans
les sessions, même les plus chargées, qu'il lui
présente les procès-verbaux dans un moment
assez voisin des débats, pour que les faits soient
encore présens à sa mémoire; et cependant,
chaque année, une multiplicité d'arrêts de
cassation n'ont pas d'autres motifs que des
nullités évidemment opérées par de simples
oublis.

Croirait-on que des procès-verbaux soumis à l'examen du président et du ministère public, arrivent à la Cour de Cassation sans être signés par le greffier de la Cour d'Assises?

Rechercher la cause de tant de négligence dans la rédaction des procès-verbaux, c'est rechercher par là même celle d'un aussi grand nombre d'arrêts de cassation qui retardent l'expédition des affaires, prolongent le plus ordinairement, sans utilité, la détention des accusés, et imposent à l'état un surcroît de dépense qu'il serait si facile de lui épargner.

La légèreté des présidens et le système introduit depuis 1810 dans l'administration de la justice criminelle, me paraissent les deux causes principales de l'abus qui nous occupe en ce moment.

On a vu des présidens de Cour d'Assises consacrer une heure, dans la matinée du lendemain d'une session fort chargée, à signer les procès-verbaux, à parapher les renvois, s'en remettant sur le greffier, dont, disaient-ils, c'est le métier, pour la fidélité de constatations; abandonnant ainsi le sort de toutes les affaires et de tous les condamnés au plus ou moins d'exactitude d'un homme qui , forcé de constater tout ce qui se passe à l'audience, et de rédiger le procès-verbal au milieu des discussions et des plaidoiries, a dû compter, en définitive, sur le contrôle du président

Puissent ces hommes légers ne pas traiter de vains scrupules mes réflexions sur les suites funestes du peu de soin qu'ils donnent à cette partie importante de leurs devoirs!... Puissent-ils examiner dans le recueillement d'une conscience justement alarmée, combien de malheureux gémissent peut-être dans les bagnes, parce que celui que la loi leur avait donné pour protecteur leur a ravi l'annulation de l'arrêt de leur condamnation, et le bénéfice d'une seconde épreuve où ils auraient triomphé, en négligeant de faire retrancher du procès-verbal la mention que telle formalité substantielle a été remplie, quand de fait elle ne l'a pas été.

Qu'ils examinent, d'un autre côté, combien de crimes peuvent leur être imputés, si, par une légèreté dont l'effet serait contraire, ils attestent, par leur signature, qu'une formalité importante a été omise quoiqu'elle ait été remplie!..... L'arrêt sera nécessairement annulé; des témoins essentiels n'auront pas été cités ; le second jury ne trouvera point la culpabilité suffisamment établie ; l'acquittement d'un grand scélérat sera pour lui un encouragement à commettre de nouveaux forfaits.....

C'est pour ne pas jeter dans le désespoir le président coupable de la déplorable négligence relevée dans l'hypothèse précédente, que je n'ai pas voulu supposer un condamnation capitale!.....

N'est-il pas encore évident que les hommes chargés par la loi de désigner les présidens d'Assises, sont les premières causes de tous ces désordres , s'ils n'ont pas épuisé tous les moyens de s'assurer de la capacité des magistrats qu'ils chargent d'une mission aussi délicate , aussi importante!.....

J'ai dit, en second lieu, que le mode introduit depuis 1810 dans l'administration de la justice criminelle, était une des causes principales du désordre des procès-verbaux du débat, et, par suite, de ces annulations multipliées dont je viens d'exposer les funestes résultats.

Avant l'établissement des Cours d'Assises, chaque département avait une Cour de justice criminelle, et cette Cour un greffe particulier. Le greffier, aidé partout d'un commis, n'avait à s'occuper que des séances de la Cour de justice criminelle, dont les attributions se bornaient au jugement des accusés et aux appels en matière correctionnelle. On aperçoit déja que dans cet ancien système, deux hommes, exclusivement occupés des mêmes matières, y devenaient promptement fort habiles, et devaient commettre fort peu d'erreurs.

Depuis l'établissement des Cours d'Assises, le greffier civil réunit à ses attributions, déja si multipliées, celles du greffe criminel, surcharge évidente qui fournit et l'explication et l'excuse d'un si grand nombre d'erreurs dans la rédaction du procès-verbal des débats ; et si l'on pouvait supposer que le greffier proportionnât ses soins à l'importance des produits , le greffe civil n'absorberait-il pas tellement son attention et ses soins, qu'il lui resterait fort peu de temps à donner aux affaires criminelles?

Les Cours de justice criminelle ouvraient une session chaque mois, et les sessions étaient fort peu chargées. Deux hommes capables et exercés pouvaient se partager le travail, et chacun donnait tout le temps nécessaire à la rédaction du procès-verbal de la séance à laquelle il avait assisté.

Aujourd'hui les Assises tiennent seulement tous les trois mois; les affaires s'accumulent ; les sessions se prolongent davantage. Communément, le greffier tient la plume à chaque séance, et se trouve forcé de prendre sur la nuit le temps de revoir ses notes et de rédiger le procès-verbal.

Enfin (et cette dernière différence va dé-couvrir la source la plus féconde des abus que je veux signaler en ce moment), le prési-dent d'une Cour de justice criminelle était fixé dans le département; il avait été choisi avec soin, à l'époque à laquelle nous nous reportons; le gouvernement était plus stable dans sa marche qu'il ne l'a été depuis; on ne voyait pas ces variations continuelles dans le système politique, cette diversité d'opi-nions si nuisibles à la paix des états; chaque fonctionnaire était appelé au genre de service dans lequel son talent pouvait lui promettre du succès; et certes il serait par trop injuste de reprocher à celui qui a conçu l'idée d'en-voyer à chaque trimestre un nouveau prési-dent d'Assises dans les départemens , de n'a-voir pas pressenti qu'un jour viendrait où le magistrat le plus incapable obtiendrait la pré-férence, s'il était jugé propre à propager les

doctrines politiques en vogue pour le moment.

Le président, je le répète, était fixé dans
chaque département, et dirigeait les débats
pendant un grand nombre d'années. On fait
bien ce que l'on fait long-temps : les erreurs,
les négligences échappées au greffier, ne pouvaient manquer d'être relevées par le président.

De son côté, le greffier était moins pressé
par le président, qui, lui-même, n'était pas
tourmenté comme aujourd'hui du désir de
se trouver au milieu de sa famille : on donnait donc plus de temps et plus de soin à la
rédaction des procès-verbaux.

Je crois avoir bien compris les devoirs du
président d'une Cour d'Assises, et je dois répéter en finissant que c'est particulièrement
dans les délibérations de la Cour de Cassation
que j'ai acquis cette connaissance. Pendant
seize années que j'ai fait partie de la chambre
criminelle de cette Cour, il n'est pas un seul

article du code d'instruction criminelle qui n'ait été souvent discuté en ma présence avec la plus religieuse attention. Là toutes les questions sont examinées, approfondies avec maturité. Chacun apporte, sans prétention, le tribut de ses recherches et de ses lumières, écoute attentivement les opinions diverses, présente ses doutes avec simplicité, sans s'é—carter jamais des égards, de la déférence que se doivent des magistrats; là, enfin, les discussions sont toujours calmes comme les consciences, chacun pouvant se rendre le témoignage qu'il a rempli son devoir.

Si le rapporteur, ou tout autre membre de la Cour, croit s'apercevoir qu'un président de Cour d'Assises a négligé telle formalité importante, outre-passé ses pouvoirs, en autorisant ou repoussant une mesure invoquée par l'accusé ou le ministère public, la question est examinée sous toutes ses faces; des magistrats aussi exercés dont les décisions vont servir de règles aux Cours et tribunaux du royaume, n'admettent pas, ne rejettent pas légèrement un moyen de nullité!.... Le

texte de la loi présente-t-il quelque obscurité ?
on en recherche l'esprit sans prévention, sans
précipitation. Reste-t-il quelque incertitude ?
on recourt à la jurisprudence, afin d'éviter
des innovations , qui , en matière de décisions judiciaires particulièrement, rendraient
tout incertain et soulèveraient d'ailleurs des
regrets d'autant plus amers, que beaucoup
d'erreurs, toujours si graves dans leurs con-
séquences, pourraient être à jamais irrépa-
rables.

On ne pense pas, à la Cour de Cassation,
que tout ce qui nous a précédés soit frappé
d'erreur ou de mauvaise foi. Les Barris, les
Henrion de Pansey ont laissé dans cette Cour
des impressions si profondes, que ce ne sera
jamais sans hésitation et sans crainte qu'on
se déterminerait à s'écarter de leurs décisions.

Toutefois, ce respect pour la tradition n'est
point aveugle et n'enchaînera jamais les consciences. On hésitera, sans doute; on délibé-
rera long-temps; les incertitudes pourront

être telles qu'il faille invoquer les lumières, la longue expérience des plus anciens conseillers des autres chambres ; mais, en définitive, sans que le respect pour les devanciers éprouve d'altération , on adoptera un système différent du leur, si l'on reconnaît qu'ils ont commis une erreur.

Et qu'on ne pense pas que mon but ait été de faire ici l'éloge de la première Cour du royaume ! Ses arrêts assurent suffisamment son illustration.

Les hommes célèbres que j'ai cités ne sont-ils pas au-dessus de toute louange, et me hasarderais-je à mêler ma voix à celles de ces éloquens panégyristes dont le nom a déja été un éloge pour ceux dont ils ont célébré le savoir et les vertus ?.....

Il m'a paru nécessaire de faire connaître la Cour de Cassation, pour prémunir le public contre les assertions mensongères de ces écrivains de mauvaise foi, qui publient que la chambre criminelle de cette Cour (la seule

devant laquelle se présentent des procès politiques, qui ne sont pas toujours jugés au
gré de leurs passions) supplée au défaut des
moyens de nullité, ou les dissimule, suivant
le besoin de sauver ou de perdre les condamnés qui se pourvoient devant elle.

Je n'ai point hésité à dire la vérité sur la
Cour de Cassation, quoique mon attachement, mon estime profonde pour mes honorables collègues soient connus, et que les
liens qui m'attachaient à cette illustre compagnie n'aient pas été entièrement rompus,
parce que je puis invoquer, à l'appui de mes
assertions, des témoignages irrécusables pour
les insensés que je viens de signaler.

Les systèmes politiques, ainsi que j'ai eu
occasion de le dire, sont sujets à des variations; des partis se forment, qui triomphent
et succombent tour à tour; des luttes terribles
s'établissent... L'ordre social est ébranlé...
L'anarchie menace de le détruire pour toujours, jusqu'à ce que le parti vainqueur essaie de le reposer sur ses bases.

Le moyen le plus certain d'arriver à ses fins lui paraît être de renouveler les fonctionnaires amovibles, et de faire entrer dans les corps judiciaires des partisans dévoués, dans le double objet de propager ses doctrines et de changer l'esprit de ces compagnies. S'il en est qui aient été, à diverses époques, appelés à ce titre dans la chambre criminelle de la Cour de Cassation, et qui, à leur début, n'aient pas assez dissimulé, peut-être, leurs préventions personnelles, qu'ils disent si, dès la première audience, le premier sentiment qu'ils ont éprouvé n'a pas été le regret de s'être ainsi laissé tromper!... Qu'ils disent si chaque jour ils n'ont pas estimé davantage des collègues qui ne faisaient que suivre leur marche ordinaire, sans examiner aucunement si leurs principes, leurs opinions plairaient ou déplairaient aux nouveaux venus?...

Demandez-leur combien de fois ils ont vu ces magistrats, à peu près tour à tour, saisir, relever, faire adopter un moyen de cassation inaperçu, et qui leur avait échappé

à eux-mêmes..... Combien de fois plusieurs moyens présentés par le condamné ont
été rejetés, et pourtant l'arrêt de condamnation cassé pour une nullité relevée par le
rapporteur..... Qu'ils disent si chaque jour
ce rapporteur, n'ayant trouvé aucune ouverture à cassation , mais jugeant que la peine
prescrite est évidemment trop sévère pour le
crime déclaré constant, n'appelle pas l'attention du ministre de la justice sur cette affli-
geante disproportion, et n'obtient pas une
atténuation de peine! Je n'invoquerai point
ici les correspondances multipliées des rap-
porteurs avec M. le garde-des-sceaux : ces
sortes de lettres ne se conservent pas; mais
j'invoque avec confiance ce témoignage des
divers directeurs des matières criminelles et
des graces; ils diraient, au besoin, qu'un très
grand nombre de condamnés ont dû la faveur qu'ils ont obtenue, aux démarches em-
pressées des conseillers en cassation.

Ces démarches supposent, au reste, que
l'habitude d'être sévère ne conduit pas toujours *à quelque chose* de pire que de l'*insen-*

sibilité, comme l'a dit un écrivain évidem—
ment prévenu contre les juges criminels.

Qu'on demande aux conseillers que l'esprit
de parti aurait introduits dans la Cour de
Cassation, si jamais les opinions politiques
des demandeurs ont été de quelque poids
dans la balance de cette Cour.

Qu'on leur demande enfin, si, pressés du
besoin de se concilier l'estime de leurs collègues, ils n'ont pas bientôt doublé d'efforts
pour se rendre semblables à eux.

Et c'est ainsi que l'excellent esprit de la
Cour de Cassation se perpétuera, sans qu'aucune commotion politique lui fasse jamais
éprouver la plus légère altération.

Cessez donc, dirai-je à ces écrivains in-
considérés dont je parlais il n'y a qu'un instant, cessez ces sorties inconvenantes contre
des magistrats que les hommes les plus prévenus couvrent de leur respect, lorsqu'ils
voient de près leur amour pour la justice et

leurs efforts constans pour assurer l'exécution
des lois, seule garantie de l'ordre et du repos
public; et si vous êtes véritablement amis de
la liberté, respectez vous-mêmes une compagnie qui, à toutes les époques, a été le refuge
des opprimés, le frein le plus salutaire contre
les abus du pouvoir (1), et continuera d'offrir
les mêmes garanties.

(1) Affaire Lavilleurnoy, sous le directoire ; affaire
de l'octroi d'Anvers, sous Napoléon. Qu'il me soit permis, à l'occasion de ce procès d'Anvers, de publier un
trait de courage et de fidélité à ses devoirs, digne d'être
cité pour modèle à tous les fonctionnaires. Cette citation prouvera que mon dévoûment pour la Cour de
Cassation ne me rend pas assez injuste pour penser que
les vertus du magistrat ne se rencontrent que dans cette
compagnie.

Par suite de ce procès, le préfet des deux Nèthes
reçut du ministre des finances l'ordre de mettre en séquestre les propriétés des accusés : il répondit qu'il
avait pris toutes les mesures conservatoires autorisées
par la loi, et que les droits éventuels du gouvernement
étaient assurés suffisamment, puisque son inscription
était la première.

On se rappelle que, par un acte de la plus épouvan-

J'ai dit pourquoi la Cour de Cassation ne se décide pas légèrement à changer sa juris-

table tyrannie, les accusés, légalement acquittés par un jury, furent soumis à un nouvel examen ; soit pour servir la fureur de Bonaparte , soit préoccupation ou ignorance des lois de la matière , on insiste sur le séquestre et l'insuffisance d'une hypothèque..... Cette fois, le préfet écrit au ministre : « Je n'ai trouvé dans « les codes que deux articles qui autorisent le sé- « questre ; les accusés ne se trouvent dans aucun des « cas prévus par ces articles ; les tribunaux eux-mê- « mes, seuls *compétens en cette matière,* ne pourraient « pas ordonner le séquestre ; je ne me prêterai point à « l'abus de pouvoir qu'on exige de moi. »

Une résistance si peu usitée ne pouvait manquer d'irriter le chef de bureau qui avait suivi cette affaire, et s'était si ridiculement obstiné. Le ministre fit passer à Bonaparte un rapport dans lequel il exposait combien il était instant de maintenir, par un exemple, les préfets dans la soumission à l'autorité supérieure. C'était manquer essentiellement à Sa Majesté impériale et royale, que de mépriser un ordre itératif de son ministre.

Bonaparte était alors tourmenté par des revers assez notables ; il ne voulut pas s'exposer à des tracasseries qui augmentassent le désagrément de sa position ; l'af-

prudence , et j'ai ajouté qu'elle le faisait néanmoins toutes les fois qu'une nouvelle

faire fut renvoyée au conseil d'état avec ordre de s'en occuper sur-le-champ.

Le ministre des finances, toujours trompé par ses bureaux, ne négligeait aucune démarche pour que le préfet fût au moins destitué ; le président du conseil d'état, persuadé qu'une grande sévérité entrait dans les vues de l'empereur, ouvrit l'avis de traduire devant les tribunaux l'administrateur indocile ; et M. Malouet, en défendant M. d'Argenson avec autant de courage que de talent, eut le double avantage de faire triompher les principes et de sauver à son ami les chagrins d'une poursuite criminelle toujours pénible , même lorsqu'elle a pour cause une action honorable.

Aussitôt que l'orage fut passé, M. d'Argenson donna sa démission, et emporta dans sa retraite l'estime générale, les regrets de ses administrés ; et, ce qui est plus important pour l'honnête homme, la satisfaction d'avoir rempli son devoir.

Le fait suivant offre un trait de courage d'un autre genre, également honorable pour le préfet qui sut opposer une noble résistance à un ordre injuste, et pour le ministre , qui trouva dans cete résistance le motif d'une estime profonde et durable pour le préfet.

délibération lui faisait reconnaître des erreurs
dans ses premières décisions.

M. Garnier, de si honorable mémoire, étant préfet
de Seine-et-Oise, reçoit du ministre de la police l'ordre
de faire arrêter un curé de campagne..... Il prend des
informations et écrit au ministre..... « Votre religion a
« été trompée ; ce curé, fort bon ecclésiastique, se con-
« duit avec une grande sagesse : il ne peut donc pas
« être question de le faire arrêter. »

Peu de jours après, le maire du village arrive à la
préfecture.... « Je viens, dit-il au préfet, vous prier de
« me tirer d'un grand embarras. Le ministre de la po-
« lice m'ordonne de lui faire conduire, par la gendar-
« merie, notre curé dont je vous ai fait connaître les
« excellentes qualités. — Cet ordre, dit le préfet, est
« évidemment surpris ; ne l'exécutez pas ; vos fonctions
« toutes paternelles..... — C'est bien ce que je ferai !...
« Mais je vais irriter le ministre ! Comment m'y pren-
« drai-je pour lui expliquer ma résistance ?..... »

Prenez une plume et écrivez..... M. Garnier dicte au
maire une lettre au préfet, contenant à peu près l'exposé ci-dessus ; puis, dans sa réponse au maire, il défend
de faire arrêter le curé,.... Vous voilà bien à l'abri par
ma réponse ; faites-en passer copie au ministre..... C'est
à moi de monter à la brèche.

La chambre criminelle a récemment justifié ces deux propositions en matière fort
grave.

M. Garnier ne tarde pas à être mandé aux Tuileries :
M. le préfet, lui dit Bonaparte, vous me croyez fort
irrité contre vous, détrompez-vous ; je trouve que vous
vous êtes bien conduit. Je veux que le clergé ne sorte
pas de sa sphère, et ne se mêle de nos affaires en quoi
que ce soit. Un curé qui prêche autre chose que l'évan-
gile est un homme qu'il faut surveiller ; ne voit-il pas,
d'ailleurs, que s'il fait notre éloge, on dira que nous le
payons : il perdra donc tout le fruit de ses prédica-
tions..... Mais je n'entends pas qu'on tourmente les
bons curés ; nous devons les faire respecter. Vous avez
pourtant fait une faute. — Ah ! sire, je suis ravi que
Votre Majesté me fasse apercevoir une faute dans la
marche de cette affaire. — La faute, la voici : Vous êtes
tout près de Paris : il fallait venir me trouver avant de
défendre au maire d'obéir au ministre..... Au reste,
tout est arrangé ; voyez le ministre de la police, et vous
serez content de lui. Le ministre avait dévoilé toute
l'intrigue de cette affaire : une femme de la cour croyait
avoir à se plaindre du curé ; elle était parvenue à faire
partager son ressentiment à un grand personnage, et
celui-ci avait fait au ministre un faux exposé. Il ra-

La Cour d'Assises de la Charente, d'après une jurisprudence établie depuis long-temps,

conta tout à M. Garnier ; et dès ce moment , il le consultait dans les circonstances difficiles, et il se plut constamment à rendre justice à ses lumières et à son excellent esprit.

La mort de M. Garnier a été une sorte de malheur public ; l'état perdait un homme dont les talens et l'expérience pouvaient, pendant long-temps encore, être d'une grande utilité, et la première chambre perdait une de ses lumières. Son éloge fut prononcé par un ami particulier, qui, ayant toujours professé ses principes, avait partagé les persécutions auxquelles il fut en butte. Chacun se disait dans la chambre des Pairs : « Pour apprécier et louer dignement la candeur et les « vertus de celui que nous pleurons, il fallait l'ame « pure et élevée de ce noble panégyriste. »

Je ne veux pas non plus qu'on me reproche d'attribuer exclusivement à la Cour de Cassation le courage, l'une des qualités les plus nécessaires au magistrat de l'ordre judiciaire. Je m'empresse donc de publier deux faits dont j'ai été témoin à la Cour royale de Paris; ils me paraissent dignes aussi des beaux jours de la magistrature française.

Pendant les cent jours, M. Delaveau, pour lors con-

avait appliqué l'article 434 du code pénal à une femme incendiaire de sa propre maison, même *isolée*, mais *assurée*.

seiller-auditeur, avait cessé ses fonctions et quitté Paris. On propose, dans une réunion des Chambres, de déclarer sa place vacante, et d'inviter le ministre à s'occuper de son remplacement. M. De Vatismesnil, fort jeune conseiller-auditeur, dans un discours où il fut facile d'apercevoir le germe de ce beau talent qui s'est développé depuis, combattit avec chaleur cette proposition, démontra qu'elle était contraire au texte de la loi : la proposition fut rejetée. M. De Vatismesnil n'ignorait pas que ce trait de courage pouvait compromettre son avenir, puisqu'à ce moment aucun magistrat n'avait reçu l'institution.

Bonaparte voulait livrer aux Assises M. De Vitrolles, arrêté à Toulouse, et transféré au donjon de Vincennes. Le ministre de la justice réunit tous les griefs, et les transmit à M. Legout, procureur-général, avec invitation de s'occuper de cette affaire sans délai, ne dissimulant pas tout l'intérêt qu'y mettait Sa Majesté impériale et royale. L'opinion de M. Legout fut bientôt formée ; mais, voulant s'entourer de plus de lumière, et donner plus de solennité à cet examen, il réunit tous ses substituts, et sa réponse au ministre finissait par

La généralité des termes de l'article 434, la multiplicité des incendies, la facilité de les commettre, la terreur opérée par ce sinistre dans toute une contrée, les dangers auxquels il expose les vieillards, les enfans, les malades, et ceux mêmes qui s'empressent d'accourir au secours, expliquent suffisamment comment a pu s'établir la jurisprudence prise par la Cour d'Assises de la Charente pour règle de son arrêt.

La femme condamnée n'avait pas choisi d'avocat pour soutenir son pourvoi ; elle fut pourtant défendue avec autant de chaleur que de succès, par suite d'une délibération qui n'est pas assez connue, et qu'il m'est agréable de publier.

ces mots remarquables : « Je ne crois pas qu'aucun « conseiller opinât pour la mise en accusation ; mais « je suis certain qu'aucun membre du parquet ne la « soutiendrait..... » M. Legout conserva sa place pendant les cent jours, et ne la perdit qu'après la seconde restauration. M. Dambray ignorait apparemment cette belle action !....... ..

Le conseil de l'ordre des avocats à la Cour de Cassation désigne successivement deux avocats pour examiner les dossiers des affaires capitales, et appuyer le pourvoi, lorsque les demandeurs n'ont pas choisi de défenseur. Les avocats ainsi désignés se partagent les procédures, rédigent les mémoires et plaident les moyens. Cette mesure suffit, ce me semble, pour expliquer la considération dont jouissent les avocats en cassation, et qu'ils méritent, au surplus, à d'autres titres.

Dans l'affaire dont il s'agit, Mᵉ Roger, dont le zèle égale le talent, chargé de soutenir le pourvoi, sut concilier son respect pour les décisions de la Cour avec la noble indépendance de sa profession et l'intérêt que lui avait inspiré la condamnée.

Le moyen de Cassation, tiré de la fausse application de l'article 434, se divisait en deux branches.

« Détruire par le feu sa propriété, disait Mᵉ Roger, c'est user du droit que la loi romaine définit *jus utendi et abutendi;* et si le feu ne pouvait pas se communiquer aux propriétés voisines, le propriétaire a fait un acte de démence auquel on ne peut appliquer l'article 434 du code pénal.

« Il est certain, dans l'espèce, que la maison incendiée appartenait à la demanderesse, et que cette maison était située de manière que le feu ne pût se communiquer à aucun bâtiment, à aucune matière combustible appartenant à autrui; l'auteur de l'incendie ne se trouvait donc dans aucun des cas prévus textuellement par l'article 434, la Cour ayant constamment jugé que l'incendiaire de sa propre maison ne peut pas être puni, si son action n'a pu porter préjudice à des tiers; et l'on sait que les lois pénales, dans leur application, doivent être restreintes aux termes dans lesquels le législateur les a conçues, sous peine de tomber dans un arbitraire aussi nuisible à la société qu'aux accusés.

« Reste donc, dans l'espèce, la seule circonstance que la maison incendiée est assurée. ».

« Cette circonstance a-t-elle pu motiver une condamnation capitale?

« Le code pénal de 1791, définissant le crime d'incendie avec plus de précision que ne l'a fait le code actuel, portait dans son article 32 : « Quiconque sera convaincu « d'avoir, par malice ou vengeance, ou à « dessein de nuire à autrui, mis le feu à « des maisons, bâtimens, etc., sera puni de « mort. »

« La Cour de Cassation, appelée à déter-miner le sens de ces mots: *à dessein de nuire à autrui*, déclara, par arrêt de cassation du 2 floréal an XI , que la *nocuité* (ou le dommage causé) devait résulter de l'action *directe* du feu, et que tout autre dessein de nuire, joint au fait matériel de l'incendie de sa propre chose, ne constituait pas le crime prévu par l'article 32.

« Si l'on croit pouvoir ajouter à *la volonté*, seule condition exigée par l'article 434 du code pénal actuel, pour établir la criminalité de l'incendie, *le dessein de nuire* qu'exigeait le code de 1791, article 32, pourquoi donnerait-on aujourd'hui une autre interprétation que celle contenue dans l'arrêt du 2 floréal an XI?.....

« Où s'arrêter si l'on ne concentre pas, dans le dessein de nuire *immédiatement et physiquement* par le feu, le sens de ces expressions?

« Il n'y a plus de cas où, en brûlant sa propre maison, même isolée, comme dans l'espèce, un propriétaire ne fasse préjudice, indirectement, à autrui.

« Si la maison est assurée, il nuit à la compagnie d'assureurs; si elle est hypothéquée, il nuit au créancier inscrit; débiteur sur billet, il en enlève le gage; tuteur, il nuit aux répétitions éventuelles de son pupille; et si, dans tous les cas, la peine de mort doit être prononcée, il faut renoncer à la distinction entre le cas où l'on brûle sa propre maison et celui où l'on incendie celle d'autrui.

« Il paraît important , ajoutait M. Roger, de rappeler à la Cour les faits de la cause jugée le 2 floréal an XI.

« Nous copions la notice et le jugement dans le bulletin des arrêts de cassation.

« Il s'agissait de l'incendie d'une meule de paille : c'était le propriétaire de cette meule que le jury avait déclaré coupable de l'avoir incendiée. Les jurés n'avaient pas déclaré que le feu eût été mis dans l'intention de nuire à autrui, cette question ne leur ayant pas même été posée.

« Mais ils avaient déclaré que l'auteur de l'incendie avait eu l'intention d'accuser en justice une autre personne d'avoir mis le feu.

« En cet état, la peine de mort portée par l'article 32 du code pénal pouvait-elle être prononcée ?

« Telle est la question résolue négativement par le jugement suivant :

« Attendu que, d'après la disposition de
l'article 32, la peine y portée ne peut être
prononcée contre les auteurs d'incendie, que
lorsque le feu a été mis par malice ou vengeance, et dans le dessein de nuire à autrui;

« Que cette dernière circonstance, formellement exigée par la loi, ne peut s'entendre
que du cas où, par l'effet de l'incendie, ou de
tentative d'incendie, d'autres personnes que
celui qui en est l'auteur ont souffert ou ont
été exposées à souffrir un dommage dans tout
ou partie de leurs propriétés, et que cette circonstance n'existe pas là, où c'est le propriétaire lui-même qui a détruit ce qui lui appartenait;

« Que dans l'espèce, il a été reconnu et
établi, par les pièces de la procédure, que la
meule de paille dont il s'agit appartenait à
l'un de ceux qui ont été accusés d'y avoir mis
le feu;

« Que le fait déclaré par le jury, que le feu avait été mis dans l'intention d'accuser une autre personne d'être l'auteur de l'incendie, ne constitue pas ce que la loi entend par le dessein de nuire à autrui ;

« Qu'il ne pouvait en résulter qu'un délit d'une nature tout-à-fait différente, et ne pouvant donner lieu qu'à une action distincte, soit que l'accusation eût été calomnieusement intentée, soit qu'à raison de cette accusation il eût été porté de faux témoignages ;

« Que cependant, d'après la déclaration insuffisante des jurés, la peine de mort a été prononcée, ce qui est une fausse application de l'article 32 du code pénal : le tribunal casse *sans renvoi*.

« Et il est à remarquer que le savant jurisconsulte, alors chef du parquet du tribunal de Cassation, s'empressa d'insérer cet arrêt dans son répertoire.

« Il est donc constant que sous l'empire du code pénal de 1791, la Cour pensait que l'intention de nuire ne pouvait se trouver dans un incendie qu'autant qu'on aurait réellement incendié ou tenté d'incendier la propriété d'autrui. En effet, si la Cour eût cru pouvoir reconnaître cette intention de nuire à autrui, dans un dommage dont l'incendie n'eût été que le moyen, elle se fût abstenue de casser, dans une espèce où le propriétaire brûle sa propre maison, dans le dessein d'accuser un tiers d'être l'auteur de cet incendie. Exposer un innocent à perdre la tête sur l'échafaud, n'est-ce pas lui causer un dommage beaucoup plus grave que de lui faire courir le risque de payer indûment une somme plus ou moins forte?.....

« La Cour de Cassation a continué jusqu'en 1820, conséquemment bien postérieurement à la mise en activité du code pénal actuel, à penser que l'article 434 de ce code n'est applicable qu'à celui qui brûle ou tente de brûler la propriété d'autrui.

« La Cour d'Assises de la Charente-Inférieure avait appliqué cet article à *Martinet*, déclaré coupable d'avoir incendié une meule de foin appartenant à sa femme, séparée de lui de corps et de biens, quoique les jurés eussent également déclaré qu'au moment de l'incendie, il n'était pas démontré que Martinet connût légalement l'arrêt de séparation qui l'avait dépouillé de l'administration des biens de sa femme.

« Mais la Cour rendit l'arrêt suivant :

« Vu l'article 434 du code pénal relatif au crime d'incendie ;

« Attendu que l'incendie que cet article
« qualifie crime et qu'il punit de mort, est
« celui qui se commet volontairement *sur*
« *la propriété d'autrui*, ou dans l'intention
« de détruire en tout ou en partie la pro-
« priété d'autrui ;

« Que Martinet a été mis en accusation
« comme prévenu d'avoir volontairement
« mis le feu à une récolte de foin en meule,

« appartenant à sa femme séparée de lui de
« corps et de biens;

« Que le fait de cette séparation qui au-
« rait dépouillé *Martinet* de l'administration
« des biens de sa femme, et de la disposition
« des récoltes qui en seraient provenues,
« formait, dans l'espèce, une circonstance
« constitutive du crime dont ledit Martinet
« était accusé;

« Qu'il est établi par l'arrêt de la Cour
« d'Assises de la Charente-Inférieure contre
« lequel le pourvoi a été formé qu'il n'avait
« été produit, dans le procès, aucune pièce
« tendant à prouver ce fait de séparation ;

« Que n'étant pas ainsi constant devant la
« Cour d'Assises qu'il y eût eu entre *Marti-*
« *net* et sa femme arrêt ou jugement passé
« en force de chose jugée, qui eût ordonné
« cette séparation, et qui eût été légalement
« signifié, le fait en devait être soumis à la
« décision du jury, et par lui déclaré, d'après
« le résultat du débat;

« Que les jurés ont donc été légalement
« interrogés sur ce fait; mais qu'il a été ré-
« pondu par eux à cet égard qu'il n'était pas
« démontré qu'à l'époque de l'incendie dont
« *Martinet* a été déclaré coupable, il connût
« légalement l'arrêt de séparation de corps
« qui l'avait dépouillé de l'administration
« des biens de sa femme;

« Que cette circonstance, *nécessaire* pour
« donner à l'incendie déclaré le caractère du
« crime prévu et puni par l'article 434,
« n'étant pas déclarée constante, il ne pou-
« vait y avoir lieu contre lui à l'application
« de cet article;

« Que la condamnation à la peine de mort
« qui a été prononcée d'après ses dispositions,
« a donc été une violation de la loi pénale :
« d'après ces motifs, la Cour casse et casse
« sans renvoi.

« Nous sommes donc autorisés, continue
Me Roger, à soutenir que jusqu'en 1820, la
Cour de Cassation a constamment jugé qu'en

fait d'incendie, *le dommage causé à des tiers
doit résulter de l'action immédiate du feu*,
ensorte qu'en cette matière, ces mots *intention de nuire à autrui*, ne peuvent signifier
autre chose qu'*intention de brûler la pro -
priété d'autrui*. »

D'où la conséquence nécessaire que la demanderesse ne pouvait être condamnée par
application de l'article 434, puisque le dom
mage causé par elle, à la compagnie d'assurance, n'aurait pas été l'effet immédiat du
feu, puisque la maison qu'elle a brûlée n'était
pas la propriété de la compagnie d'assurance.

« Mais l'arrêt attaqué a, sous un autre rapport, fait une fausse application de l'article
434; c'est la seconde branche du moyen.

« En admettant que l'incendie, qui ne peut
nuire qu'à la compagnie d'assurance , en
l'exposant à payer indûment la somme qu'elle
s'était engagée de payer, rentrât dans l'application de cet article, au moins faudrait-il
qu'il résultât expressément de la déclaration

du jury que le feu a été mis dans l'intention de nuire aux assureurs.

« En effet, si le propriétaire, avant d'incendier sa maison, avait renoncé à son action contre la compagnie; si, en se déclarant l'auteur de l'incendie, il se rendait non recevable à répéter le montant de l'assurance, certes, il n'aurait voulu nuire à personne, pas même à la compagnie d'assurance, en brûlant sa maison *isolée*.

« Ici encore nous pourrions invoquer une foule d'arrêts de la Cour; nous nous bornerons à citer l'un des motifs de celui du 21 novembre 1822 : « Attendu que le jury n'a « point été interrogé, et par conséquent n'a « pas répondu si l'accusé avait mis le feu à « sa maison dans l'intention de nuire à au- « trui par cet incendie, la Cour casse. »

« Peu de temps après cet arrêt, le garde-des-sceaux s'empressa d'adresser aux procureurs-généraux une circulaire pour leur recommander de veiller à ce que l'on n'oubliât jamais de demander au jury si le propriétaire qui a brûlé sa maison *isolée* mais *assurée*, a agi dans l'intention de nuire à la compagnie d'assurance.

« Ainsi, dans le cas d'incendie, comme en toute autre matière, la Cour de Cassation et le ministre de la justice s'accordent sur ce point important, que la circonstance de l'assurance de l'objet incendié par le propriétaire ne peut motiver une condamnation, qu'autant qu'il aura été déclaré par le jury, que l'incendiaire a eu l'intention de nuire aux assureurs.

« Il est à remarquer que, dans la notice qui précède cet arrêt du 21 novembre 1822 au bulletin de la Cour, le mot *hypothèque* se trouve joint au mot *assurance*, et que le dispositif de l'arrêt ne contient que le mot *assurance*; ce qui autorise à penser que l'*hypothèque* ne devient circonstance aggravante de l'incendie par le propriétaire que, dans l'opinion du conseiller-rapporteur, rédacteur de la notice. Aussi le ministre de la justice, dans sa circulaire, se garde-t-il de recommander aux procureurs-généraux de veiller à ce que l'on demande au jury si l'incendiaire de sa maison *isolée* mais *hypothéquée*, a eu l'intention de nuire aux créanciers inscrits. »

Après la plaidoirie de Mᶜ Roger et celle de M. le procureur-général, qui conclut à la cassation, la chambre criminelle se trouva partagée d'opinion; il fallut, aux termes de l'ordonnance du roi, appeler, pour vider le partage, cinq conseillers parmi les plus anciens des deux chambres civiles.

L'intervalle entre les deux audiences fut employé en recherches dont le résultat a pu répandre quelques lumières sur la question.

Dans l'idée que les divers arrêts de Cassation avaient dû convaincre le gouvernement qu'il existait dans nos lois une lacune pour la punition du propriétaire qui brûle sa maison *isolée* mais *assurée*, et qu'à une époque où des départemens entiers étaient en feu, où les propriétaires incendiaient leurs propres maisons, pour se procurer le prix de l'assurance, toujours supérieur à la valeur réelle des bâtimens assurés, le chef de la justice avait dû s'occuper de cet objet important; on s'était procuré, aux archives du conseil-d'État, un rapport à la suite duquel le conseil avait adopté, dès avril 1822, un projet de loi qui punissait des travaux forcés à temps l'incendie, par le propriétaire, des immeubles assurés, et de la réclusion, l'incendie, par le même, des objets immobiliers également assurés.

Ce rapport et ce projet de loi ont dû avoir une grande influence sur la détermination de la Cour, et par suite sur la modification apportée à l'article 434 du code pénal.

La Cour de Cassation, se renfermant dans le cercle de ses attributions et traitant la seule question soumise à son examen, rendit l'arrêt suivant, laissant à qui de droit, le soin de remplir la lacune que sa décision rendait évidente :

(234)

« Ouï le rapport, les observations de
« M⁰ Roger, avocat à la Cour, et les conclu-
« sions de M. Dupin, procureur-général, la
« Cour vidant le partage par elle déclaré à
« son audience du onze mars courant, et
« statuant sur le second moyen de Louise
« Couinaud, femme Roy ;

« Attendu que l'art. 434 du code pénal
« suppose que le feu aura été mis volontai-
« rement à des édifices appartenant à autrui,
« ou à des matières combustibles placées
« de manière à communiquer le feu à ces
« sortes de propriétés ; d'où il suit qu'il faut
« avoir incendié ou tenté d'incendier les édi-
« fices d'autrui, pour être passible de la peine
« portée audit article ;

« Que cet article ne prévoit pas le cas où
« l'on aurait mis le feu à ses propres édifices,
« lorsqu'ils sont isolés, en sorte que le feu
« ne puisse s'étendre à des édifices ou autres
« objets spécifiés audit article et appartenant
« à autrui ;

« Qu'il ne prévoit pas davantage celui où
« l'on aurait mis le feu à ses propres édifices
« assurés ; et que si, dans ce cas, on nuit aux
« droits incorporels d'un tiers, ce n'est pas
« là l'espèce de dommage causé à autrui que
« la loi punit de mort, puisque l'action du
« feu n'a pas atteint la maison ni l'édifice
« d'autrui ;

« Qu'un édifice assuré n'est pas, en effet, la
« propriété de l'assureur, et qu'on ne peut,
« par voie d'analogie ou d'interprétation,
« atteindre et punir un fait qui n'est pas qua-
« lifié crime ou délit par la loi ;

« Que la demanderesse déclarée coupable
« d'avoir incendié volontairement sa maison
« assurée, mais qu'aucun acte de la procé-
« dure, pas même la question soumise au
« jury, ne présentait comme située de ma-
« nière à ce que le feu pût s'étendre à une
« propriété d'autrui, a néanmoins été con-
« damnée à la peine de mort ; d'où il suit
« qu'il a été fait une fausse application de
« l'article 434 précité :

« Par ces motifs, la Cour casse et annule
« l'arrêt de la Cour d'Assises de la Charente-
« Inférieure du 9 février dernier; et vu l'ar-
« ticle 429 du code d'instruction criminelle :
« attendu que le fait imputé à Louise Coui-
« naud, femme Roy, n'est pas qualifié crime
« par la loi, et qu'il n'y a pas de partie ci-
« vile, déclare n'y avoir lieu à renvoi, et
« ordonne que la demanderesse sera sur-le-
« champ mise en liberté, si elle n'est retenue
« pour autre cause. »

Ainsi fait et prononcé, etc. . . . .

Le moment est venu, ce me semble, de hasarder quelques vues sur les moyens de prévenir les abus aussi graves que multipliés dont les observations qui précèdent ont indi- qué la cause, mais n'ont pu dépeindre que trop faiblement les déplorables effets.

Déja plusieurs fois on a dû pressentir mon éloignement pour le mode introduit dans l'administration de la justice criminelle par le code de 1808; je le regarde, en effet, comme essentiellement vicieux, soit sous le rapport du nombre des sessions des Cours d'Assises, soit sous le rapport de l'apparition toujours passagère des présidens.

En parcourant les discours des orateurs chargés de présenter le nouveau code d'instruction criminelle au corps législatif, on trouve que deux motifs ont particulièrement déterminé le chef de l'État à réduire le nombre des sessions criminelles : le petit nombre d'affaires à juger, chaque mois, dans la plupart des départemens; le déplacement trop fréquent de jurés.

Si j'ai démontré que la réunion d'un grand nombre de procès criminels, dans la même session, nuit à la bonne administration de la justice, on comprend que je ne puis pas admettre, comme motif suffisant de réduire les sessions, le petit nombre d'affaires à juger par mois dans chaque département. Faudra-t-il répéter ici que si l'accusé est coupable, c'est dureté que de prolonger inutilement ses angoisses et ses souffrances, et que s'il est in-

nocent, c'est barbarie que de le retenir dans
les fers au-delà du délai strictement nécessaire pour l'instruction de son procès?...

Que si trois mois dans les cas ordinaires,
six et huit mois, lorsque l'arrêt de condamnation est annulé, suffisent et au-delà pour
enlever au ministère public un témoin important, et pour effacer de la mémoire de
ceux qu'il produit des circonstances qu'ils
jugent minutieuses et qui auraient fait une
vive impression sur le jury, l'accusé, pendant ce délai, perdra de son côté des témoins
à décharge qui peut-être auraient établi un
alibi?... Qu'un long séjour dans les prisons
et dans l'hypothèse d'une première condamnation, l'attente si long-temps prolongée
d'une mort infâme et imminente peuvent
avoir tellement affaibli ses facultés, qu'il soit
réduit à se présenter aux nouveaux débats,
sans défense, contre le vœu de la justice et
de la loi?

Rien ne prouve mieux au surplus le vice

de cette innovation que les efforts du rapporteur, au corps législatif, pour la justifier :

« A l'égard des sessions par trimestre, dit-
« il, gardons-nous d'admettre qu'elles retar-
« dent la plupart des jugemens autant qu'on
« pourrait le craindre.

« Si les affaires sont nombreuses ou très-
« urgentes (1), il peut être tenu des sessions
« plus rapprochées.

« On ne doit pas omettre de remarquer
« qu'une partie des accusés traduits devant
« les Cours de justice criminelle, n'y est pas
« toujours jugée dans la session qui suit leur
« traduction en la maison de justice, si les
« témoins sont éloignés, ou si d'autres motifs
« en empêchent.

(1) N'est-il pas toujours urgent de punir un grand
coupable, et de rendre la liberté à ceux qu'on en aurait privés par erreur?.....

« Les affaires arrivées dans le mois qui précè-
« dera les Assises immédiatement seront toutes
« jugées aussi promptement qu'à présent; elles
« le pourront être plus tôt, si la session s'ouvre
« le premier du mois, puisque celle des Cours
« criminelles ne commence que le quinze.

« Il suit de là qu'une partie des affaires
« sera jugée aussi promptement et quelque-
« fois un peu plus tôt que dans l'ordre actuel ;
« qu'en considérant la chose en masse, il n'y
« aura quelque retard que pour celles qui
« viendront à l'époque de la session précé-
« dente (1), ou dans le mois qui la suivra;
« mais il faut observer que celles-ci seront
« ordinairement le moins nombreuses, parce
« qu'on aura fait passer toutes celles qui au-
« ront été en état, et que les juges d'instruc-
« tion et la Cour royale combineront leurs
« opérations de manière qu'il en reste le
« moins possible.

(1) Aucune considération ne peut excuser un retard
de trois mois, même de deux mois , quand il s'agit de
purger une accusation.

(241)

« Ces considérations balancent donc avan-
« tageusement l'inconvénient plus apparent
« que réel, des sessions par trimestre; et
« l'on pourra, dans cet intervalle, régu-
« lariser tout ce qui sera dans le cas de
« l'être, avoir le temps de s'assurer des
« témoins éloignés, des pièces et des preuves
« à recueillir. »

Ne voit-on pas que si, dans le précédent
système, un motif quelconque forçait de renvoyer une affaire à la session suivante, la
prolongation de la détention d'un accusé
n'allait pas au-delà d'un mois? et que les cas
où ce renvoi à la session suivante est indispensable peuvent se présenter aujourd'hui,
que cette prolongation serait au moins de
trois mois?

Ne voit-on pas que les causes de ce délai
peuvent se rencontrer dans les affaires ren-
voyées par la Cour de Cassation, plus souvent
que dans les autres, par l'éloignement seul
des témoins habitant tous un département
étranger à celui où l'accusé est renvoyé,

16

auquel cas le délai peut entraîner quatre à cinq mois?... Et cet inconvénient ne suffisait-il pas pour faire repousser le nouveau système?...

Si j'avais à établir que la commission du corps législatif était loin d'applaudir aux changemens qu'introduisait le code d'instruction criminelle, il me suffirait de citer encore quelques paroles du rapporteur.

Peut-être ne sera-t-il pas sans intérêt de se rappeler combien on hésitait, à cette époque, à soupçonner que le chef de l'état eût pu commettre une erreur, et avec quel ménagement il fallait présenter ce soupçon. On verra que depuis lors, ce n'est pas du moins sous le rapport du progrès de la liberté que la France peut éprouver quelques regrets.

« Ces considérations, dit M. Riboud,
« conduisent à *hasarder* une réflexion im-
« portante qu'on *ne se permet* néanmoins
« de proposer que comme une *idée conjec-*
« *turale.*

« Si les mains puissantes qui viennent
« d'orner de nouveaux trophées cette res-
« pectable enceinte (1), ne tenaient pas avec
« autant de gloire que de succès les rênes de
« l'empire; si nous ne savions pas que la
« pensée de Sa Majesté embrasse tout en
« grand, qu'elle prévoit tous les mouvemens,
« qu'elle coordonne toutes les parties, nous
« pourrions nous borner à prendre pour
« règle de nos idées, sur le projet du code,
« les motifs que nous vous développons;
« mais, messieurs, les conceptions du génie
« ont rarement pour limite la ligne que nous
« croyons apercevoir, et souvent ce que nous
« regardons comme un système complet
« n'est qu'une section d'un plus vaste sys-
« tème.... Telle loi contenant une organi-
« sation qui paraît n'appartenir qu'à son
« objet particulier, se rattache à un plan gé-
« néral. Ainsi il est permis de présumer que
« le code d'instruction criminelle est lié avec
« de grandes vues sur l'ordre judiciaire,

(1) Bonaparte avait adressé au corps législatif des
drapeaux enlevés à l'ennemi.

« tendant à en former un ensemble dont
« toutes les parties seront en harmonie entre
« elles. »

Et tous ceux des membres du corps législatif qui, de leur côté, se hasardaient à glisser
dans l'urne la boule noire que personne ne
pouvait apercevoir, de féliciter, dans le tête-
à-tête, M. Riboud sur la hardiesse de cette
partie de son travail!...

Qu'au lieu de ce mode dérisoire, insultant
même pour la nation, de proposer une loi à
de prétendus députés des départemens, la
tribune eût été ouverte aux réclamations,
combien de voix se seraient écriées :

Ne vous plaignez pas que les Cours de justice criminelle aient un trop petit nombre
d'affaires à juger chaque mois ; ce qui importe n'est pas assurément que le banc des
accusés se remplisse plusieurs fois dans la
même session, mais que chacun des oracles
de la justice soit préparé par l'examen le plus
approfondi.

Ce qui importe n'est pas que votre nouveau projet nous promette qu'un président
choisi dans un ordre élevé, qu'un appareil
nouveau, que certaine pompe extérieure,
viendront quatre fois chaque année, frapper
les regards de la multitude ; mais que nous
trouvions dans ce projet l'assurance qu'à
l'avenir aucun accusé ne sera privé de sa liberté au-delà du terme indispensable aux recherches de la justice.

Dans votre nouveau système, les affaires
seront, à la fin de chaque session, soumises à
des juges, à des jurés fatigués et incapables
de soutenir leur attention, et d'apprécier les
preuves de culpabilité, les moyens de défense ; nous ne pouvons pas l'adopter.

Dans votre nouveau système, la détention
des accusés est inévitablement et toujours
inutilement prolongée ; nous ne pouvons pas
l'adopter.

Les accusés amoncelés dans les cachots de
vos maisons de justice y deviendront plus

pervers; des hommes innocens peut-être, affaiblis déja par les tourmens de l'esprit et la honte de se voir confondus avec de grands coupables, y contracteront ces maladies pestilentielles acclimatées dans les prisons par la négligence de vos préposés, et mourront avant qu'un jugement solennel les ait lavés de toute inculpation, léguant ainsi à leurs enfans un nom flétri, entaché du moins par l'arrêt de mise en accusation; et deux mois plus tôt ces hommes auraient prouvé qu'ils n'avaient pas cessé de mériter l'estime de leurs concitoyens; nous repoussons votre projet de loi.

Et ne croyez pas nous en imposer par cet intérêt prétendu que vous affectez pour les jurés qui ne se plaignent nullement d'être appelés trop fréquemment au chef-lieu du département; ne leur allégez-vous pas au surplus le fardeau, par la suppression du jury d'accusation, dont l'organisation vicieuse attendait depuis si long-temps une réforme?... Ne pouvez-vous pas étendre le cercle beaucoup trop restreint dans lequel vous voulez qu'on prenne le jury?... Ne pouvez-vous pas créer un esprit public qui fasse supporter les charges de l'état sans murmure, et lui sacrifier même avec plaisir, son temps, ses facultés, sa fortune?... Ne pouvez-vous pas faire aimer vos institutions en rendant quelque liberté à cette nation généreuse sur laquelle, à aucune époque, n'a pesé un joug aussi lourd que celui que vous avez su lui imposer?.....

Ne croyez pas qu'elle se laisse éblouir par la nouveauté de *vos grands jours*, de *vos tournées judiciaires*, qui ne seront qu'une ridicule imitation des Assises de l'Angleterre, aussi long-temps que vous ne pourrez pas les entourer de la pompe, de l'éclat, de tous les prestiges qui en assureraient le succès, si, chez nous, comme en Angleterre, nous jouissons d'une sage liberté.

Voulez-vous, je vous le répète, attacher les Français à vos institutions? faites revivre dans nos ames cet amour de la patrie comprimé aujourd'hui par le poids des chaines que les descendans des *Francs* n'ont jamais supportées sans murmure , et que nous parviendrons à rompre malgré leur pesanteur et la force de la main de fer qui se flatte en vain de les avoir rivées pour toujours !......

Écartant au surplus de votre projet cette prétendue ressemblance avec l'institution anglaise , et le réduisant à ses véritables termes, vous n'avez pas voulu déplacer un conseiller de Cour impériale pour juger un trop petit nombre d'affaires. Ce magistrat, qu'une escorte, en grande tenue, doit attendre sur la route, que le maire, en costume, doit attendre au bas de l'escalier de l'hôtel préparé à grands frais (1), que le tribunal civil, en simarre, complimente à son entrée dans l'appartement, doit rester assez long-temps au chef-lieu judiciaire, pour que la ville qui

---

(1) Le décret portait qu'une maison meublée serait fournie par la ville, et qu'il y aurait assez d'appartemens pour loger les conseillers qui pourraient accompagner le président.

supporte la dépense ait le temps d'apercevoir ce personnage dont l'arrivée a tout mis en mouvement. Et vous croyez assurer, par ce ridicule entourage, le respect et la considération à votre président d'Assises !... On peut, vous le savez, commander aux Français beaucoup de sacrifices, mais on ne leur impose ni le respect ni l'estime ou l'affection..... Nous attendrons pour respecter le président des Assises qu'il se soit rendu respectable.

Vous verrez même plusieurs de ces magistrats se soustraire à toutes ces vaines démonstrations, sans rien perdre de leur dignité, sans rien perdre de l'estime et de la considération publiques. Ils croiront avec raison que des marques de déférence, ordonnées par la loi, sont ridicules pour celui qui les reçoit, pénibles pour ceux qui les rendent. Ils croiront que des juges qui, la veille auront attendu, plus ou moins long-temps, le président pour lui présenter leurs hommages, pourraient être peu disposés le lendemain à cette harmonie toujours importante entre des magistrats appelés à discuter les questions diverses soumises à leur examen (1).

Si l'on veut au reste se rappeler la série et la variété des devoirs du président d'une Cour d'Assises, l'interrogatoire des accusés, la désignation des défenseurs, la nécessité de la confiance entre le président et les jurés, dont les déclarations, en définitive, sont la règle des arrêts de la Cour d'Assises, on verra si cette ambulance, ces changemens à chaque trimestre des présidens, ne nuisent pas évidemment à leurs succès. On veut savoir avant tout ce qu'est l'homme avec qui l'on va juger, et tout le temps qu'on met à l'étudier, pendant les premières séances, est ravi à l'examen des affaires.

Mais c'est surtout à l'égard des témoins, que ce renouvellement trimestriel entraîne de graves inconvéniens... Pour les témoins,

______

(1) Beaucoup de présidens ont constamment éludé tout ce cérémonial; demandez aux villes chefs-lieux s'ils étaient les moins capables !.....

le président est toute la Cour d'Assises; c'est
lui qui reçoit les sermens; c'est lui qu'on suppose toujours prêt à réprimander, si la timidité, le manque de mémoire amènent quelque hésitation dans les dépositions. On s'en-
quiert donc avec soin de son caractère et de
ses formes; on veut connaître le magistrat
devant lequel on ne se présente jamais sans
éprouver cette émotion dont se défend difficilement l'homme même à qui sa position
sociale devrait inspirer plus d'assurance. Qui
fournira ces notions (dont on ne peut contester l'utilité), sur un président arrivé de la
veille, et qu'on aperçoit pour la première
fois ?....

Entrer ici dans plus de détails, serait répéter ce que contiennent mes réflexions sur les
devoirs du président des Assises; il ne me
reste donc plus qu'à présenter mes idées sur
le système qu'il conviendrait de substituer à
celui que je viens de combattre.

· Ne confier les présidences d'Assises qu'à
des hommes vraiment capables; rapprocher

le jugement des accusés du moment où le crime a été commis; ne jamais retenir long-temps les jurés au chef-lieu judiciaire, et diminuer sensiblement les frais à la charge de l'état, tels seraient, je pense, les résultats nécessaires du système que j'ai conçu.

Je ne me dissimule pas que l'introduction d'un changement à peu près total dans une partie aussi importante de l'administration de la justice, ne peut être adoptée par le gouvernement qu'après les plus sérieuses réflexions; et sans doute, dans le cas où mon projet lui paraîtrait présenter de grands avantages, le ministre de la justice voudra le soumettre à l'examen des Cours et Tribunaux. C'est dans cette confiance que je me suis déterminé à le publier; il est le fruit de longues et profondes méditations. Toutefois, j'avoue que mon éloignement pour le système introduit par le code de 1808 a pu me rendre trop facile à admettre les changemens que je propose : c'est donc en toute sincérité que j'invite les magistrats à payer à leur tour, le tribut de leur expérience, en proposant toutes les modifications dont mon projet leur paraîtrait susceptible.

Je ne lie point mon système à la réduction du nombre des tribunaux d'arrondissement. Cette opération froisserait trop d'intérêts individuels pour que le gouvernement se décidât à la proposer avant d'y avoir long-temps réfléchi ; et les réformes dans l'administration de la justice criminelle sont trop urgentes pour que je les fasse dépendre de changemens qui doivent entraîner tant de lenteurs.

Il n'est pas difficile, d'ailleurs, de laisser subsister les tribunaux qui existent aujourd'hui, et de reporter les sessions criminelles au nombre existant avant le code actuel, sans toutefois imposer de nouvelles charges aux jurés.

Je me suis élevé trop souvent contre l'ambulance et le renouvellement si fréquent du président des Cours d'Assises pour qu'on s'étonne de me voir indiquer, comme premier changement au système actuel, la réforme de cet abus, cause principale de la plupart de ceux que j'ai relevés.

Établissez, à demeure, dans chaque département, un magistrat exclusivement chargé de présider les Cours d'Assises, et donnez-lui un greffier attaché exclusivement aussi à ce service. Vous apercevez déja que ces deux hommes n'étant plus distraits, comme ils le sont aujourd'hui, par les affaires civiles, dirigeront toutes leurs études vers les lois criminelles, et consacreront tout leur temps à la branche de service à laquelle se borneront leurs attributions. Ayez le courage d'exclure de la présidence des Assises toute espèce de médiocrité; consciencieuse, elle douterait de tout; tranchante, elle ne douterait de rien : ne faites pas de cette place importante une sorte de noviciat funeste à la société, funeste à l'accusé qu'elle poursuit.

Le président, fixé dans un département, pourrait, après l'arrêt de mise en accusation,

se porter sur les lieux où quelque grand crime
a été commis, y prendre connaissance des localités, s'assurer des moyens qu'ont pu employer les auteurs du crime pour le consom-
mer, des issues par lesquelles ils ont pu s'introduire ou se retirer. On fait communément,
dans ces occasions, dresser des plans dont
l'exactitude n'est jamais contestée. Mais des
jurés sont-ils, en général, capables de saisir
un plan, et le président aussi peu exercé
qu'eux, en cette partie, pourra-t-il le leur
faire comprendre, s'il n'a recueilli sur les
lieux mêmes des notions exactes que lui rap-
pellerait aux débats le travail du géomètre ?
Autrement, n'y aura-t-il pas nécessairement
confusion dans les idées, diversité dans la
manière de saisir les localités et le plan? ne
sera-t-il pas habituellement plus nuisible
qu'utile?........

La mesure que j'indique ici était journel-
lement pratiquée par un président de Cour
de justice criminelle que j'ai vu s'en applaudir constamment. Il se transportait sur les
lieux, toutes les fois qu'il s'était commis un

crime pouvant entraîner une peine capitale ;
et les renseignemens qu'il recueillait lui ser-
vaient puissamment, soit pour l'interrogatoire des accusés, soit pour la direction des
débats. La loi ne lui en imposait pas l'obli
gation ; elle ne lui passait pas les frais de ces
déplacemens ; mais la satisfaction d'avoir
multiplié les voies qui pouvaient le conduire
à la découverte de la vérité, le dédomma-
geait surabondamment de ce surcroît de fatigues et de dépenses.

La pensée même de démarches aussi utiles
peut-elle se présenter à l'esprit d'un conseiller de cour royale, nommé président des Assises, qui n'a connaissance des affaires que
fort peu de temps avant l'ouverture de la session, et qui, le plus souvent, n'arrive dans
le département que la veille du jour où la
session doit s'ouvrir ?....... Et si vous supposez que dans des occasions extrêmement
rares, la pensée d'aller recueillir ces sortes
de renseignemens, que l'inspection des lieux
peut seule procurer, lui soit suggérée par son
zèle, donnera-t-on volontiers à un inconnu

des notions qu'on ne communique jamais sans répugnance, au magistrat même qui, par de longs et loyaux services, a su se concilier l'estime et la confiance de tout son département?.....

Avant la mise en activité du code actuel, les Cours criminelles étaient composées, outre le président, de deux conseillers et de deux suppléans. On peut, ce me semble, se dispenser de créer une Cour d'Assises proprement dite; et il suffit d'autoriser le président à prendre, comme aujourd'hui, dans le tribunal du chef-lieu judiciaire, le nombre de juges nécessaire pour composer la Cour d'Assises.

On voudra, sans doute, rendre à ces cours ainsi composées la connaissance des appels de police correctionnelle, ainsi qu'en étaient investies les cours criminelles ; et rien ne serait plus convenable, puisque, dans mon système, les Cours d'Assises seraient au moins présidées par un magistrat d'un ordre plus élevé que celui des premiers juges.

17

Rien, d'un autre côté, de plus facile, de plus naturel, puisque les Cours d'Assises, toujours dans mon système, devraient se réunir au moins une fois par mois, et pourraient siéger plus souvent, suivant l'exigence des cas.

Cette attribution, entraînerait, il est vrai, la nécessité de revenir sur la mesure qui a réduit à trois juges la composition des Cours d'Assises. On ne voudrait pas qu'un jugement sur appel fût rendu par trois magistrats ; mais si je suis parvenu à convaincre de la nécessité de rendre quatre assesseurs au président des Assises, pourquoi ne penserais-je pas que le gouvernement saisirait avec empressement un prétexte plausible de réparer une erreur?..... Les tribunaux de chefs-lieux ont jusqu'ici fourni quatre assesseurs pour les Assises, sans interrompre le service ordinaire.

Vous choisirez, dans chaque Cour royale, parmi les conseillers qui ont fait preuve de talens en ce genre de service, un président de Cours d'Assises pour chaque département du ressort. Ces présidens continueront de faire partie des Cours royales, d'en porter les insignes, et d'en toucher le traitement. Dans les villes où siègent les Cours royales, le président des Assises aurait rang parmi les présidens de chambre, et jouirait des mêmes prérogatives.

Si, comme on l'annonce, le nombre des Cours royales doit être réduit, il sera plus facile de trouver un conseiller qui consente à se fixer, comme président de la Cour d'Assises, dans un département du ressort de la Cour royale dont il fait actuellement partie.

Il aura, d'ailleurs, des avantages qui le dédommageront du désagrément de son déplacement : traitement égal à celui qu'il touche aujourd'hui, plus, mille francs pour frais indispensables de représentation; domicile, dans une ville, en général, moins populeuse, où les dépenses se trouvent réduites; conseiller de Cour royale primant, par là même, tous les juges du département; placé, dans les cérémonies publiques, immédiatement après le préfet; conservant, parmi ses collègues à la Cour royale, le rang qu'il occupait au moment où il en a été détaché, et ayant la certitude de le reprendre lorsque l'âge ou des infirmités ne lui permettront plus de supporter les fatigues de la présidence des Assises; respecté de ses concitoyens, récompensé déja des sacrifices qu'il s'est imposés, par la satisfaction de rendre au pays les services les plus importans, il méritera chaque jour davantage les seules récompenses dont le gouvernement puisse disposer. Tant de prérogatives feront solliciter la présidence des Assises, et les talens attestés par des succès antérieurs seront sans doute les seuls titres à la préférence du gouvernement : premier avantage de mon projet, et avantage immense qui suffirait pour le faire prendre en considération. Les Cours d'Assises ne seront présidées que par des magistrats vraiment capables.

On reconnaît généralement combien il serait important de rapprocher le jugement des accusés, du moment où le crime a été commis : mes réflexions sur ce point, dans la première partie de cet écrit, me dispensent d'insister ici sur la nécessité de cette amélioration également réclamée par l'intérêt de l'accusé et par celui de la société. Tous les bons esprits gémissent depuis long-temps sur le retard qu'apporte le gouvernement à proposer aux chambres de rétablir, dans chaque département, des Assises mensuelles. Rien, en effet, ne peut justifier ce funeste retard. La question d'humanité, aux yeux du législateur, comme aux yeux du simple individu, ne doit-elle point passer avant la question de finances?

Eh! que serait-ce donc, au surplus, que le léger accroissement de dépense résultant de la faible indemnité allouée chaque mois aux jurés, en comparaison des immenses avantages du changement que je propose?

En cas de renvoi forcé d'une session à l'autre, le malheureux accusé, frappé de ce contre-temps, ne verrait du moins sa détention prolongée que pendant le temps strictement nécessaire pour la nouvelle réunion de ses juges!....

Si la Cour de Cassation annulait un premier arrêt de condamnation, le condamné, amené devant une nouvelle Cour d'Assises le lendemain de la clôture d'une session, ne demeurerait plus, pendant trois mois, en proie à des angoisses mille fois plus cruelles que la peine qui le menace, et que le législateur aurait dû lui épargner, puisqu'il le pouvait si facilement.

Mais, après cette puissante considération, il est juste de faire observer que la société est également intéressée au rétablissement des assises mensuelles, puisque, dans le système actuel, les témoins les plus importans peuvent être enlevés au ministère public pendant les délais inutilement prolongés entre la perpétration du crime et le jugement des accusés.

En ouvrant des Assises tous les mois, les jurés seraient, il est vrai, appelés plus souvent; mais le cercle où ils sont pris aujourd'hui a été fort élargi; leur nombre est considérablement augmenté, et chacun d'eux ne se trouverait pas, tous les ans, porté sur la liste.

Prenez y garde d'ailleurs : ce qu'il y a de plus pénible pour les jurés, ce n'est pas de faire, par intervalle, un voyage au chef-lieu du département où ils ont quelques affaires à suivre ou à recommander; c'est d'y être retenus trop long-temps. On voit alors leur impatience augmenter par degrés, au point que ceux qui savent le moins se commander, laissent parfois percer leur dépit, au milieu même d'un débat; situation d'esprit tout-à-fait déplorable chez un homme qui va prononcer sur l'honneur, sur la liberté, peut-être même sur la vie d'un autre homme !....

Craindrait-on l'excès contraire, et repousserait-on le système des Assises mensuelles, par la considération que les jurés pourraient souvent être convoqués pour juger une seule affaire ?....

Heureuse stérilité, m'écrierais-je!....Puis-se-t-elle se réaliser sur tous les points de la France, pour le bonheur de ceux qui l'habitent!... Mais avant qu'il en soit ainsi, quelle marge ne reste-t-il pas à la perfectibilité humaine!...

Au surplus, dût-il arriver souvent que le ministère public n'eût à présenter aux Assises qu'un seul accusé, est-il impossible que cet accusé soit innocent?....Et dans cette hypothèse, peut-on trop tôt convoquer ses juges?... Peut-on trop tôt lui rendre la liberté?... Et se permettra-t-on de prolonger sa détention, par la considération que le gouvernement aurait à faire quelque dépense, et que plusieurs citoyens seraient forcés de quitter leur domicile pendant quelques jours?

Napoléon, devenu empereur, nommait à vie, comme je l'ai déja dit, les présidens des Cours de justice criminelle. Je ne crois pas devoir proposer cette mesure pour le président des Assises; et lorsque j'ai manifesté le désir qu'il fît partie d'une Cour royale, mon intention n'a pas été seulement de le placer dans un ordre supérieur à celui des juges appelés à composer avec lui la Cour d'Assises : j'ai voulu, de plus, lui conserver le droit de reprendre son rang dans sa compagnie, si l'altération de sa santé lui faisait désirer d'y rentrer, ou si le gouvernement avait des motifs pour l'y rappeler.

Le sénatus-consulte qui conférait à Bonaparte le droit de nommer à vie les présidens des Cours de justice criminelle, le dispensait de les choisir, comme par le passé, dans les Cours d'appel, et l'on n'aurait pas tardé, sans doute, à s'apercevoir de l'inconvénient de cette innovation.

L'obligation de se livrer à un travail aussi fastidieux qu'assidu, d'occuper habituellement son esprit d'objets qui blessent toute ame honnête, et affectent péniblement la sensibilité ; cette contention d'esprit pendant la durée d'un débat d'où ressortent une foule de détails qu'il lui faudra reproduire dans son résumé ; tant de fatigues ne peuvent manquer d'exercer plus ou moins promptement une influence funeste sur la santé du président des Assises. Toutefois, si ce président ne fait point partie d'une compagnie où il puisse être attaché à un genre de service moins pénible, le gouvernement hésiterait, sans doute, à lui donner un successeur avant qu'il eût atteint l'âge nécessaire pour avoir droit à la retraite; peut-être hésiterait-il lui-même à déclarer son insuffisance, et les abus que nous voulons prévenir se perpétueraient inévitablement.

Cet inconvénient disparaît, ce me semble, en conservant au président des Assises, son titre et son rang de conseiller à la Cour royale.

Mais il faut, pour soutenir la liberté d'esprit, plus nécessaire au président d'une Cour d'Assises qu'à tout autre magistrat, le garantir de l'arbitraire du ministre de la justice, trompé par des rapports mensongers, par le ressentiment d'un accusé ou de sa famille. La plupart des présidens auront changé de

domicile; ils ne doivent pas être livrés à l'inquiétude de perdre un nouvel établissement
formé peut-être à grands frais, et de quitter,
sans avoir mérité de reproches, un genre de
service qui aura exigé des études toutes spéciales, un service auquel ils auront pris d'autant plus de goût qu'ils y auront obtenu plus
de succès.

Cette inquiétude, nécessairement partagée
par le public, ne nuirait-elle pas d'ailleurs à
la considération que nous voulons assurer au
président, en le fixant dans le département?...
Rappeler, sans motifs graves, un président
de Cour d'Assises dans la Cour royale, ne
serait-ce pas, en quelque sorte, continuer
l'ambulance que nous voulons détruire?

L'indépendance sans laquelle il n'y a plus
de magistrat, l'indépendance sans laquelle
le président d'une Cour d'Assises ne serait
bientôt plus que l'instrument du pouvoir,
me fait désirer que sa nomination et sa réélection soient délibérées en conseil de ministres.

Les sollicitations, les préventions peuvent séduire un ministre ou ses bureaux; elles échoueront ou trouveront difficilement accès auprès de tout un conseil intéressé à faire de bons choix, pour le bien du service, sans doute, mais aussi par honneur personnel, puisque le nom de chaque ministre serait attaché à la nomination. On n'aurait point à craindre, d'un autre côté, que tout un conseil de ministres se décidât légèrement à ne point continuer dans ses fonctions un président habile et vertueux.

Mais pour combien de temps aura lieu la nomination du président de la Cour d'Assises?...

Admettant d'abord la faculté indéfinie de la réélection, ce sera, ce me semble, un puissant motif de ne pas donner une longue durée à la première délégation. En effet, ou notre président se sera concilié tous les suffrages, et un an suffit pour constater ce résultat; ou ce sera le contraire.

Au premier cas, la réélection le perpétue dans ses fonctions, et chaque fois qu'elle arrive, elle est un nouveau témoignage de son mérite, une nouvelle récompense de ses bons services.

Au second cas, le délégué rentre à petit bruit dans la Cour royale, sans humiliation pour lui, puisqu'il y reprend son rang à l'expiration du temps pendant lequel il avait dû le quitter.

Ne peut-on pas même avancer qu'à moins d'une médiocrité telle, que des sollicitations ou seulement une acceptation eussent été de sa part une témérité qu'il serait juste de punir, ce délégué reconnaîtra qu'en lui donnant un successeur, on l'a traité favorablement, puisqu'il lui a été impossible de s'élever au niveau des fonctions qu'il n'aurait pas dû accepter.

Si je pouvais me flatter d'avoir convaincu ceux qui liront cet écrit de toute l'importance

des fonctions du président d'une Cour d'Assises; si je ne savais pas que l'esprit de cote-
rie, les affections particulières, l'égoïsme, la
vanité n'hésitent point à compromettre les
plus grands intérêts pour faire arriver à des
places éminentes des hommes que l'on rou-
git bientôt d'avoir tirés de la foule; si je ne
craignais pas que, dans un moment surtout
où le gouvernement devra déléguer un président de Cour d'Assises pour chaque département, plusieurs médiocrités ne par-
vinssent à se faire jour, je n'aurais pas hésité
à proposer de donner aux premières délégations autant de durée qu'aux suivantes. Mais
ces diverses considérations me font désirer
que, pour la première fois, les présidens
d'Assises ne soient délégués que pour un an,
et qu'ensuite les délégations aient lieu tous
les trois ans, ainsi qu'il avait été réglé
lorsque le président des tribunaux criminels
était pris dans les Cours d'appel, et conti-
nuait d'en faire partie.

Ces réélections triennales présenteraient
évidemment de grands avantages. Le besoin

périodique d'une réélection , bien qu'assurée en quelque sorte au président vertueux et capable , serait pourtant un stimulant qui le tiendrait en haleine, et le ferait constamment doubler d'efforts pour continuer à mériter la considération publique.

D'un autre côté, quoiquelivré à une étude spéciale de la législation criminelle, il ne per-drait pas entièrement de vue les lois civiles, par cela seul qu'il pourrait éventuellement être rappelé à la Cour royale, où sans doute il ne voudrait pas se trouver au-dessous de ses fonctions.

La crainte que cette réélection triennale ne nuisît à l'indépendance, à l'impartialité du président des Assises, et ne le portât à briguer, aux dépens de ses devoirs, la faveur du gouvernement , me paraîtrait un excès de défiance également injurieux pour les minis-tres et pour le président; et, malgré certains antécédens qui autoriseraient à penser que tel homme revêtu d'un grand pouvoir ne sait

pas toujours se défendre de quelque ressentiment envers un inférieur assez courageux
pour résister à des ordres injustes, le président des Assises me paraît suffisamment garan-
ti de semblables abus d'autorité, si, comme
j'en exprime le vœu, sa nomination et ses réélections successives sont délibérées en conseil
de ministres. Sept fonctionnaires d'un ordre
aussi élevé, ne se laissent point atteindre par
de petites passions.

On a proposé, en diminuant le nombre des
tribunaux actuels, de réunir tous les mois
un jury dans chaque chef-lieu d'arrondissement, et de faire présider les Assises par le
président du tribunal civil. Ce projet m'a
paru présenter de graves inconvéniens.

Un des plus grands avantages qu'on s'est
plu à reconnaître dans le jury, c'est que les
hommes appelés à le composer arrivent des
divers points du département. La plupart
d'entre eux n'auront pas même entendu parler de l'accusé, bien moins encore des circonstances du crime qu'on lui impute; ils

seront donc exempts de toute prévention :
heureuse situation d'esprit qui permet de
voir les choses telles qu'elles sont, sans ac-
ception des personnes, et qu'on doit, sans ba-
lancer, regarder comme la meilleure garantie contre des erreurs toujours plus ou moins
funestes soit à la société, soit à ceux dont elle
réclame le châtiment.

Ces avantages ne vous échappent–ils pas
en grande partie, si vous rétrécissez le terri-
toire où les jurés devront être pris? N'avez-
vous pas à redouter le danger des préventions
locales qu'on ne saurait trop conjurer, et qui
gagnent, comme on sait, jusqu'aux hommes
de bien? Et concevez–vous une justice possible avec des préventions?

Les jurés se trouvant plus rapprochés des
accusés ne seront–ils pas facilement circon-
venus, plus exposés à des vengeances, si,
résistant aux sollicitations et cédant aux cris
de leur conscience, ils n'en portent pas moins
leur verdict de culpabilité?

Et ne croyez pas que ces graves inconvéniens ne soient à redouter que dans un petit
nombre de conjonctures, et seulement lorsqu'il s'agirait ou de ces incendies organisés,
ou de ces brigandages à force ouverte, qui
remuent toute une contrée, en y répan-
dant l'inquiétude et l'effroi !

Vous retrouverez ces préventions locales,
si contraires au but du législateur, dans les
procès d'une gravité secondaire, suivant que
la qualité de l'accusé, sa position sociale (le
dirai-je), ses relations politiques dans des
temps de réaction, en font naître de favora-
bles ou de contraires.

En vain essaierait-on de se rassurer à cet
égard, par la faculté que donnent les articles 542 et 544 du code d'instruction criminelle de se pourvoir en renvoi à une autre
Cour d'Assises (1).

(1) « En matière criminelle, correctionnelle et de
« police, la Cour de Cassation peut, sur la réquisition
« du procureur-général près cette Cour, renvoyer la

Ces sortes de renvoi ne s'accordent que difficilement et après avoir scrupuleusement vérifié si les causes pour lesquelles la loi les admet sont bien caractérisées, et si elles existent réellement; de là des lenteurs qui enlèveraient à la plupart des procès cette prompte expédition que vous recherchez.

Mais l'établissement d'une Cour d'Assises dans chaque arrondissement rencontrerait d'autres difficultés.

« connaissance d'une affaire d'une Cour royale ou
« d'Assises à une autre, d'un tribunal correctionnel
« ou de police à un autre tribunal de même qualité, d'un
« juge d'instruction à un autre juge d'instruction, pour
« cause de sûreté publique ou de suspicion légitime.

« Ce renvoi peut aussi être ordonné sur la réquisi-
« tion des parties intéressées, mais seulement pour
« cause de suspicion légitime (art. 542).

« Les officiers du ministère public pourront se pour-
« voir immédiatement devant la Cour de Cassation
« pour demander le renvoi pour cause de suspicion
« légitime; mais, lorsqu'il s'agira d'une demande en
« renvoi pour cause de sûreté publique, ils seront

Comment les tribunaux, composés de trois juges, fourniraient-ils, sans interrompre entièrement les audiences civiles, le nombre d'assesseurs nécessaires pour la composition de la Cour d'Assises, le juge d'instruction ne pouvant, aux termes de la loi, entrer dans cette composition?.... Trouverez-vous partout une maison de justice assez vaste, assez sûre pour contenir un grand nombre d'accusés?... Si vous employez à garder les accusés à l'audience, la seule brigade de gendarmerie en résidence au chef-lieu d'arrondissement, n'entravez-vous pas cette correspondance si sagement établie? ne compromettez-vous pas la sûreté publique?....

Vous auriez à construire des salles d'audience, des chambres pour les jurés, pour les témoins, et ces dépenses ne seraient appuyées d'aucun motif plausible, puisque je

« tenus d'adresser leur réclamation, leurs motifs, et
« les pièces à l'appui au ministre de la justice, qui les
« transmettra, s'il y a lieu, à la Cour de Cassation
« (art. 544). »

crois avoir démontré que la tenue des Assises dans divers arrondissemens, en rapprochant le jury des accusés, nuirait évidemment à la bonne administration de la justice.

Quelqu'un pensera peut-être que la Cour devrait être présidée par le chef du tribunal du chef-lieu judiciaire, au lieu d'un conseiller de Cour royale, ce qui donnerait le moyen de retrancher de chacune de ces Cours autant de conseillers qu'il se trouve de départemens dans son ressort, et procurerait ainsi une économie importante dans les frais de justice.

Ce système doit être écarté, ce me semble, par les observations suivantes : Les Assises ne peuvent être présidées convenablement que par un magistrat exercé depuis long-temps à ce genre de service. Le président des Assises doit être dans la force de l'âge, et la plupart des présidens des chefs-lieux judiciaires sont parvenus à un âge qui ne leur permettrait pas de supporter la fatigue des débats qui se prolongent souvent au-delà de toute prévision, et qu'on ne peut pas toujours interrompre sans compromettre le sort des procès. Le même magistrat ne pourrait pas réunir la présidence des Assises à celle du tribunal civil qui absorbe aujourd'hui tout son temps.

Établissons donc des présidens de Cour d'Assises à demeure, et prenons-les parmi les conseillers les plus dignes de la Cour royale; c'est, en effet, dans les rangs élevés de la magistrature qu'il faut choisir le chef habituel d'une Cour d'Assises, sauf, comme aujourd'hui, à le faire remplacer, en cas d'empêchement momentané, par le président du chef-lieu judiciaire.

Loin de moi, d'ailleurs, la pensée d'exclure de la présidence des Assises les présidens des tribunaux de première instance! Plusieurs ont remplacé avec distinction les conseillers empêchés de présider; et, si le projet que j'ai conçu était adopté, je pourrais citer tel département où la magistrature entière et tous les hommes éclairés porteraient de tous leurs vœux, à la présidence des Assises, le président actuel du tribunal civil du chef-lieu du département, qu'ils auront reconnu dans le président modèle dont j'ai tracé le portrait (1).

Un magistrat aussi distingué ne tardera pas sans doute à faire partie de la Cour royale ; et, depuis la suppression des conseillers-auditeurs, le gouvernement ne manquera pas de regarder les présidens des tribunaux de première instance comme étant naturellement au nombre des candidats parmi lesquels il doit choisir les conseillers des Cours royales.

Parmi les nombreuses objections qui s'élèveront contre mon projet, et que je serai fort aise d'avoir provoquées, ne désirant rien plus ardemment que de voir des hommes plus exercés que moi, proposer des vues meilleures, il en est une à laquelle je dois répondre à l'avance :

(1) Mr Collas, président du tribunal civil d'A-
lençon.

« A moins de maladies jugées incurables,
« de négligence ou d'incapacité, vous ne dis-
« simulez pas le désir que les présidens des
« Cours d'Assises soient successivement réé-
« lus, et se perpétuent ainsi pendant long-
« temps dans leurs fonctions; quel moyen
« auront les jeunes magistrats de se former
« au service de présidens d'Assises ?.......
« Quelles occasions de faire connaître leur
« aptitude pour ces fonctions, et d'attirer
« ainsi sur eux l'attention du gouverne-
« ment?.... »

Comme je viens de le dire, les tribunaux
de première instance sont aujourd'hui les
pépinières des Cours royales, et chacun de
ces tribunaux contient deux juges exercés
aux matières criminelles. Un président dirige
les débats en police correctionnelle; le juge
d'instruction interroge les prévenus et reçoit
les déclarations des témoins.

Chacune des Cours royales a deux chambres exclusivement occupées de matières criminelles. La chambre d'accusation, chargée

d'examiner les premières informations, les trouvant incomplètes, ordonne un supplément d'instruction, et charge un de ses membres d'y procéder; elle délibère sur la nature et l'importance des charges; chaque délibération est précédée d'un rapport : les membres de cette chambre ont donc de fréquentes occasions de faire connaître leur aptitude aux matières criminelles.

La chambre des appels en police correctionnelle est encore, pour de jeunes conseillers, une école fort utile où ils trouveront les premiers élémens du service des Cours d'Assises. En effet, là s'établit un véritable débat; là, pour peu que l'affaire soit compliquée, des témoins sont entendus, les prévenus sont aidés d'un conseil. Combien d'occasions pour un juge de dévoiler cette sagacité qui saisit rapidement le fait important, qui démêle le vrai d'avec le faux, au milieu de tous les subterfuges du prévenu, au milieu des réticences ou des exagérations des témoins!

Combien de fois, s'il s'établit quelque chaleur dans ce débat, moins grave sans doute, dans ses résultats, que celui des Assises, mais qui pourtant n'est jamais sans importance pour le prévenu, certain jeune conseiller ne laissera-t-il pas percer cette impatience, cette brusquerie qui doivent l'exclure pour jamais de la présidence des Assises, si, se manifestant fréquemment, malgré les sages remontrances de collègues plus mûrs et plus calmes, elles tiennent au fond du caractère?... Combien de fois aussi d'autres jeunes magistrats ne se départiront pas de cette douceur, de cette patience imperturbable, qui seront l'indice certain de l'une des plus importantes qualités du président d'une Cour d'Assises?...

Mais il est une autre épreuve pour de jeunes magistrats; c'est le moment de la délibération sur l'application de la peine. Tel conseiller est-il toujours, est-il seulement trop souvent d'avis d'appliquer le maximum?... Gardez-vous de le nommer président d'une Cour d'Assises!... La dureté de caractère est le titre d'exclusion le plus prononcé de ces augustes fonctions. Un président dur et toujours sévère serait en révolte formelle contre la raison, contre l'humanité, contre la loi qui se réunissent pour lui imposer l'obligation d'être constamment doux et paternel jusque dans son langage. Il est encore pour les jeunes conseillers un autre moyen de se former au service des Assises. Il s'en tient aux chefs-lieux des Cours royales, et le président y sera assisté de deux conseillers, jusqu'au moment où l'on reconnaîtra la nécessité de rendre aux Cours d'Assises la dignité qu'elles avaient avant qu'on les réduisît à trois juges.

On pensera, sans doute, qu'il sera nécessaire de nommer quatre conseillers assesseurs, même pendant tout le temps que les Cours d'Assises continueront de n'être composées que de trois juges, et six au moins lorsqu'on aura rétabli l'ancien ordre de choses, l'un de ces conseillers pouvant remplacer le président, un autre pouvant lui-même être empêché. On en nommerait huit à Paris où deux Cours d'Assises sont habituellement indispensables,

Ce nombre d'assesseurs, dans les villes où siège une Cour royale, ne nécessiterait nullement une augmentation dans le nombre des conseillers, puisque, d'une part, les Cours royales ont fourni ces assesseurs jusqu'au moment où l'on a cru devoir réduire les Cours d'Assises à trois juges, et que, d'un autre côté, les assesseurs qui ne seraient pas employés à ce titre, pourraient continuer de faire le service dans les chambres auxquelles ils sont attachés.

Avec quelle facilité plusieurs de ces jeunes assesseurs deviendront, dans peu de temps, aptes à la présidence, si leur application, le désir de réussir, la régularité de leur conduite, l'aménité de leur caractère leur conciliant l'intérêt et l'affection du président, celui-ci s'empresse de leur fournir les moyens d'exercer leurs forces, leur délègue quelques-unes de ses fonctions, soit en les chargeant de recueillir, pendant le débat, des notes qui serviront d'élément pour le résumé, soit en plaçant sous leurs yeux la procédure écrite, pour qu'ils le préviennent des variations qui lui échapperaient; surtout s'il leur permet d'être témoins de l'interrogatoire des accusés à leur arrivée dans la maison de justice!.... Et il n'est aucun président qui ne s'empresse de diriger ainsi les premiers pas d'un jeune collègue dans une carrière qu'il parcourt lui-même avec succès.

Mais, pour que les jeunes conseillers deviennent capables de présider à leur tour, il faut que leur service aux Assises ne se borne pas, comme aujourd'hui, à la durée d'une session. Je voudrais qu'il fût de deux ans, et que, sur quatre assesseurs, deux seulement se retirassent de la Cour d'Assises chaque année.

Par ce moyen, d'une exécution facile, le gouvernement trouverait dans chaque Cour royale un nombre suffisant de présidens d'Assises, à l'époque nécessairement assez rapprochée où ceux que de longs succès auront désignés à ses choix, ne pourront plus exercer leurs pénibles fonctions.

Sous le rapport de l'économie, considéra-tion fort peu importante dans une question d'un si haut intérêt, il est évident que mon projet présente de grands avantages.

Le traitement du président des Assises ne peut être porté que comme mémoire, puis-qu'il le touche aujourd'hui en sa qualité de conseiller, et qu'il ne sera pas nécessaire de le remplacer à ce titre, les Cours royales n'ayant plus à fournir à chaque trimestre, un président des Assises aux départemens du ressort. L'indemnité de mille francs par an-née, pour frais de représentation, tiendra lieu de ce que touche aujourd'hui le conseil-ler délégué à chaque trimestre, et il ne peut plus être question des frais de route également alloués à tous les présidens d'Assises.

Le traitement du greffier se trouvera cou-vert en partie par la suppression du commis qu'on passe aujourd'hui, pour le service des Assises, au greffier de chaque tribunal de chef-lieu judiciaire.

Les arrêts de cassation deviendraient plus rares, et les frais d'un second débat sont énormes par suite de l'éloignement des témoins.

Je me crois donc fondé à dire qu'indépendamment des améliorations sans nombre que ce projet introduit dans l'administration de la justice criminelle, améliorations qu'il faudrait s'empresser d'adopter, lors même qu'elles entraîneraient une augmentation de dépense, ce système procurerait à l'état une diminution notable dans les frais de justice.

TABLE ALPHABÉTIQUE

DES MATIÈRES.

Il ne lui sera pas possible de contredire aux débats ses premiers aveux, fortifiés par celui qu'il aurait répété au président lui-même, 106.

Il doit paraître libre aux débats. — Dans quel cas le président peut s'écarter de cette règle, 119.

Il a le droit, ainsi que son conseil, de faire des observations sur l'exposé du sujet de l'accusation par le ministère public, 131.

Il a aussi le droit de demander le renvoi de son affaire à une autre session, avant le débat, par une requête au président; et, à l'audience, à la Cour, 133 et 136.

Il a également le droit de demander l'annulation de la clôture des débats, si le président se permet, dans le résumé, de présenter un fait qui ne résulterait pas du débat, 156 et 160.

Avantages pour les accusés du rétablissement d'Assises mensuelles, 261.

ACQUITTEMENT.

Causes des démonstrations inconvenantes qui se manifestent quelquefois, lors de l'acquittement d'un coupable, 11 et 12.

ACTE D'ACCUSATION.

Sa lecture, à l'ouverture des débats, excite dans l'ame de l'accusé des émotions impossibles à déguiser, 128.

Il doit être lu, ainsi que l'arrêt de renvoi, par le greffier, de manière que rien n'en échappe aux jurés, 129.

Il doit être conforme au dispositif de l'arrêt de renvoi, 165.

Avocats stagiaires.

Peuvent être choisis quelquefois pour être les défenseurs des accusés, 109.

Comment ils doivent justifier ce choix, 109.

Avocats a la Cour de Cassation.

Ils défendent d'office dans le cas de condamnations capitales, 218.

Barreau.

Le jeune barreau est la pépinière de la magistrature, 111.

Encouragement que lui doit un président exercé, 111.

Il lui accordera facilement son affection, 112.

Comment il sera dédommagé de ses soins, 112 et 113.

Bonne foi.

Elle doit toujours diriger le magistrat, 55.

Chambre d'accusation.

Pourquoi ses membres ne peuvent point faire partie des Cours d'Assises , 96.

Choix des Présidens d'Assises.

Sur qui il doit se porter , et avertissement de la loi à cet égard , 18.

Pourquoi le garde-des-sceaux , à partir du ministère de M. de Serre , a-t-il lui-même choisi les présidens d'Assises , 18.

Condamné.

S'il subit sa peine avec résignation , et meurt dans le repentir , sa mort fera une impression salutaire sur ceux qui en seront les témoins , 69.

Conscience.

Son bon témoignage est la seule récompense qui attende le président d'Assises , 62.

Contradictions.

Échappées , soit à l'accusé , soit au témoin , elles doivent être relevées aux débats avec calme , 33.

Crainte de se faire des ennemis.

Débats.

Déclaration du Jury.

Si, après une déclaration régulière du jury, un fait nouveau était révélé, la Cour d'Assises devrait annuler la clôture du débat, en commencer un sur ce fait nouveau, et, dans ce cas, le jury, qui avait épuisé ses pouvoirs, pourrait procéder à une nouvelle déclaration qui porterait tant sur le fait nouveau que sur ceux déja soumis à son examen, 171.

La déclaration du jury doit être complète, concordante avec la question, et présenter un sens clair et précis, 171, 172 et 173.

La Cour d'Assises, qui, par un motif quelconque, a renvoyé les jurés à une nouvelle délibération, ne peut plus faire revivre la première, 179.

DÉFENSE DE L'ACCUSÉ.

Plus d'un président y a contribué en reproduisant, dans son résumé, un moyen victorieux échappé au conseil de l'accusé, 3.

La plus grande latitude doit être laissée à la défense, 50.

DÉFENSEUR.

Jusqu'où son amour-propre l'entraîne quelquefois, 25.

Quel serait le résultat d'une lutte passionnée entre le conseil d'un accusé et un témoin, 53.

Différence de la position de l'accusé et de son défenseur, par rapport à la défense, 54.

A quel moment il doit être donné par le président un
défenseur à l'accusé, s'il n'en a pas choisi un, 98.

Il peut être plus facilement dupe de la fourberie de son
client, si le président a différé de faire subir l'interrogatoire qui doit suivre l'écrou, 105.

Zèle et désintéressement à attendre d'un jeune défenseur, 108.

Sa jeunesse ne pourra-t-elle pas nuire à l'accusé dans
l'esprit des jurés? 108.

L'absence du défenseur aux débats n'entraîne pas une
nullité, 161.

Quelles seraient les suites de l'omission que ferait le président de désigner d'office un conseil à l'accusé, 103.

DÉLÉGATION.

L'accusé sera interrogé, dans les vingt-quatre heures,
par le juge délégué par le président, en cas de maladie ou de tout autre empêchement légitime, 97.

DÉNONCIATEURS.

Peuvent être les auteurs mêmes du crime, 35.

DÉTOURS.

Les détours, artifices et moyens que répudierait la
loyauté, doivent être écartés lorsque le président
interroge un accusé, 92.

Esprit de parti.

Influence très fâcheuse qu'il a eue sur le choix des
présidens d'Assises , 20.

Excuses.

La Cour d'Assises a seule le droit, dans le cas de contes-
tation , de décider si une question d'excuse doit être
présentée aux jurés, 167.
L'excuse admise , le délit n'en subsiste pas moins , 167.
La démence , qui n'est pas une excuse , anéantit la culpabilité , 167.

Frais de justice.

Ils seraient considérablement diminués si l'on rétablis-
sait un président d'Assises à demeure dans chaque
département, 286.

Garde-des-sceaux.

Projet de loi soumis au conseil-d'état sur la modification de l'art. 434 du code pénal , 233.

Greffier.

Il ne doit pas négliger de constater que tous les témoins
entendus, quel qu'ait été le nombre des séances, ont
prêté le serment prescrit par l'article 317 , 148.

INTRIGUE.

Elle a déterminé trop souvent le choix des présidens
d'Assises, 18.

INTERROGATOIRE.

S'il est trop différé après l'écrou, il peut entraîner
l'impunité, 100 et 101.

JUGE D'INSTRUCTION.

Il doit conserver dans son procès-verbal d'audition de
témoins, la grossièreté du langage et les locutions
vicieuses de celui qui dépose, 45.
Danger qu'il peut y avoir à changer le langage du témoin, 46.
Pourquoi il ne peut pas faire partie de la Cour d'Assises, 95.

JUGE DE PAIX.

La police judiciaire, l'une de ses plus importantes
fonctions, n'attire point assez son attention, 143.

JURÉS.

Ce qu'on a le droit d'exiger d'eux pendant l'examen
d'une affaire, 8.

un arrêt qu'autant qu'elle est prise dans la chambre des délibérations, 179.

Ils ont eux-mêmes un grand intérêt au rétablissement des Assises mensuelles, 263.

MAGISTRATURE.

Moyen de l'encourager, 7.

MAIRES ET ADJOINTS.

Avec quel soin ils doivent, au moment même où le crime vient d'être commis, dresser des procès-verbaux, et recevoir toutes déclarations, 143.

MINISTÈRE PUBLIC.

Effet fâcheux que peuvent produire la violence de ses attaques, le sarcasme ou l'injure personnelle, 12.

Quel pourrait être le résultat de son peu d'égards pour les jurés, 13.

Faute qu'il peut commettre en prenant la salle d'audience pour une arène, 26.

Conseils au jeune homme qui débute dans la carrière du ministère public, 27.

Modèle qu'il doit suivre : *note de la page*, 27.

Danger qu'il y aurait à ce que ce fût lui, et non le président qui relevât les contradictions des dépositions des témoins, 56.

Faute qu'il commettrait en reprochant aux jurés trop d'indulgence, *note de la page* 83.

L'exposé du sujet de l'acte d'accusation par le ministère public, avant l'ouverture des débats, est nécessaire, 130.

Le ministère public en requérant, sans des motifs très-graves le renvoi d'une affaire à une autre session, court le risque de devenir, sans s'en douter, l'instrument de la haine et de la vengeance, 141.

OPINIONS POLITIQUES.

Elles ne doivent être d'aucune influence sur le choix du président d'Assises, 16, 31 et 163.

OUVERTURE DE LA SESSION D'ASSISES.

Après qu'il a été pourvu au remplacement des jurés absens, quel doit être le sujet de l'allocution du président aux jurés, 113 et 114.

Cette allocution doit avoir lieu en l'absence des accusés et des témoins, 115.

Pourquoi elle doit être exempte de toute prétention, 115.

PEINES.

Les Cours d'Assises usent trop rarement de la latitude que leur laisse l'art. 26 du code pénal, 186.

POLICE DE L'AUDIENCE.

Elle appartient au président ; mesures qu'il peut prendre pour obtenir le calme et la décence nécessaires aux débats, 119 et 120.

PRÉJUGÉS.

Ce qui fait croire au peuple que les criminels d'une condition élevée, sont rarement atteints par la loi, 25.

PREMIER PRÉSIDENT.

Légèreté d'un Premier Président dans le choix d'un conseiller-auditeur pour présider les Assises, 17.

PRÉSIDENCES D'ASSISES.

Elles n'offrent au président que des épines, 62.

Elles ne peuvent être confiées sans inconvénient à un jeune homme, 74, ni à un septuagénaire, 72.

PRÉSIDENT D'ASSISES.

Quelle pourrait être la suite de son excessive sévérité, ou de l'inobservation des règles que la loi lui a prescrites, 12.

Quelle peut être la suite de son peu d'égards pour le jury, 13.

Pourquoi le nombre des présidens vraiment capables

La modération du président envers l'accusé ne doit pas dégénérer en faiblesse, 3g.

Efforts qu'il doit faire pour arriver à la manifestation de la vérité, 3g et 4o.

Protection qu'il doit accorder aux témoins , 4o.

Il doit les rassurer, 4i et 4a.

Comment il doit les encourager , 4a.

Il leur laisse parler leur langage incorrect , 43.

Il ne commencera une instruction en faux témoignage que dans le cas où la mauvaise foi serait évidente et opiniâtre , 48.

Il doit prévenir l'accusé que trop d'aigreur , trop de violence envers les témoins nuirait à ses intérêts , 5i.

L'exécution de l'art. 3ig est l'écueil des présidens d'Assises , 5a.

Il ne doit pas avoir pour le défenseur l'indulgence réclamée pour l'accusé , 53.

C'est à titre de simple observation que le président fera remarquer au témoin les contradictions de ses déclarations , lorsqu'elles ne dénoteront pas l'intention de déguiser la vérité , 55.

Combien il doit donner de soins à l'examen des dépositions des témoins, 56.

Sa mémoire doit être sûre et fidèle, 5y.

Le président, ennemi du travail , est le principal obstacle à la manifestation de la vérité , 58.

Ce qu'il doit faire s'il a à diriger des débats où figure une bande de malfaiteurs, 5g et 6o.

RIGUEURS.

Contre les accusés, elles sont toujours coupables, 12.

RÉSUMÉ.

Renfermé dans les bornes et présenté dans l'esprit de la loi, il forme une partie essentielle et quelquefois le complément de la défense de l'accusé, 3.

C'est la plus délicate et la plus importante des obligations du président, 149.

Le président doit reproduire au besoin tel moyen qui aurait échappé au défenseur de l'accusé et même au ministère public, si ce moyen résulte des débats, 150.

En supprimant le résumé, il serait indispensable d'ordonner, à peine de nullité, qu'un défenseur assistât l'accusé jusqu'au prononcé de l'arrêt de condamnation, 162.

Le défaut de résumé formerait une nullité radicale, 151.

SERMENT.

Aux débats, il doit être prêté par les témoins dans les termes mêmes de l'art. 317, 147.

TÉMOINS.

Leur position devient plus embarrassante dans un second débat, 23 et 24.

Comment ils doivent être rassurés et leurs contradictions relevées, 33.

TIRAGE AU SORT DES 12 JURÉS DE JUGEMENT.

VÉRITÉ.

Dans quelles circonstances elle se fait jour, 56.

FIN DE LA TABLE ALPHABÉTIQUE.

ERRATA.

Page 100, ligne 2, à la requête, *lisez* à sa.
— 113, — 23, demandons, *lisez* demanderons.
— 190, —   4, le, *lisez* ce.
— 202, — 13, de se trouver, *lisez* de se retrouver.
— 208, — 16, ce témoignage, *lisez* le.
— 240, — 14, le moins, *lisez* les moins.

A. PIHAN DE LA FOREST,

IMPRIMEUR DE LA COUR DE CASSATION,

Rue des Noyers, n° 37.